監修者――五味文彦／佐藤信／高埜利彦／宮地正人／吉田伸之

［カバー表写真］
復元された平塚川添遺跡

［カバー裏写真］
唐古・鍵遺跡の大型土製銅鐸鋳型
（復元品）

［扉写真］
折本西原遺跡の環溝

日本史リブレット 3

弥生の村

Takesue Junichi

武末純一

目次

▼縄文時代のコメ　青森県八戸市風張遺跡では、縄文時代後期末の竪穴住居からコメが出ている。

●図1　弥生土器の流れ

年代	550〜400	400〜200	200〜B.C./A.D.〜100	100〜150〜250
	弥生時代			
	早期	前期	中期	後期
九州	山ノ寺式・夜臼式	板付Ⅰ式・板付Ⅱ式	城ノ越式・須玖Ⅰ式・須玖Ⅱ式	高三潴式・下大隈式・西新式
近畿	先Ⅰ期	Ⅰ期	Ⅱ期・Ⅲ期・Ⅳ期	Ⅴ期・庄内式

弥生時代の範囲と村

　これまで弥生時代は、日本列島(以下、地理区分として日本とする)でコメをつくり始めた時代とされてきた。しかし現在では、縄文時代にもコメ▲があって水田も想定でき、この定義は不正確である。

　私は弥生時代を、農業が始まり、日本の多くの人々が採集民から農民になっていく時代と考える。そして、採集民と農民という視点で縄文時代と弥生時代を比較すると、弥生時代の本質は本格的な分裂と対立の始まりにある。分裂と対立——それは人と自然、人と人、文化と文化の分裂と対立であり、競合の果てには統合と支配がまつ。母なる森や大地は人間が水田をつくったり管理するための素材となり、ともに働いた指導者は、人を支配する首長(王)へと変わる。

この弥生社会は、日本でも「中の地域（九州島から四国・本州島）」に展開し、採集主体の文化がつづく「北の地域（北海道）」や「南の地域（琉球列島）」には、続縄文文化や貝塚文化が展開し、独自の社会が形成された。

また、この時代に人々は東アジアの国際舞台に本格的に登場し、日本やそこに住む人々を中国の史書は倭《わ》や倭人と呼んだ。弥生社会は、中国・朝鮮・日本という国際秩序の中で、権威や情報、金属器やその原料を海外から得ない限り存立できない社会だったのである。

それでは弥生時代はいつ始まり、いつ終わったのか。

簡単に述べると、これまで弥生時代は前・中・後の三時期に区分され、近畿の弥生土器の編年ではⅠ期が前期、Ⅱ・Ⅲ・Ⅳ期が中期、Ⅴ期が後期である▲。また、これまで縄文時代の終末（晩期末）とされてきた刻目突帯文《きざみめとったいもん》土器の時期に、北部九州では取排水設備をもつ立派な水田をもつことが、一九七七〜七八年の福岡市板付《いたづけ》遺跡の調査でわかり、この時期を弥生時代早期（先Ⅰ期）とする論が起こった。私はその時点では、水田自体は縄文時代にもありうるし、分裂と対立の象徴である環溝《かんこう》（濠▲）集落が不在なために反対したが、その後、この時期の

●―図2　弥生時代早期の水田（板付遺跡）

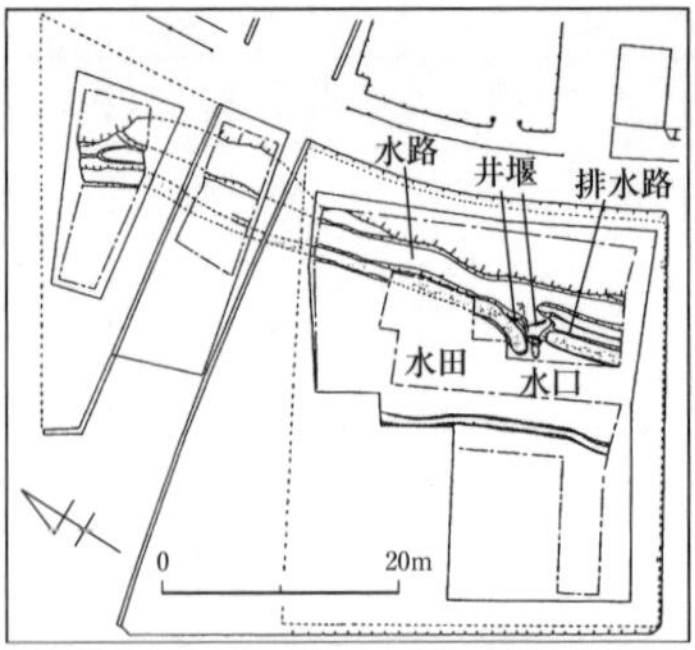

▼弥生土器の編年のズレ　西暦で年代を考えるのに有利な立場にある九州とは、中期と後期の境界にズレがあるといわれてきたが、最近の研究ではあまりズレがないことがわかった。

環溝集落が明らかになり、いまでは弥生早期を認める。

　また、Ⅴ期の弥生土器の次には庄内《しょうない》式土器や布留《ふる》式土器が続く。弥生時代の終わりは古墳時代の始まりであり、古墳時代の始まりを定型化した前方後円墳の出現で区分する限り、古墳時代は布留式期、さかのぼっても庄内式の終わりだが、それに先行する纒向《まきむく》型の前方後円形墳を古墳とし、庄内式土器を古墳時代の土器とするのか否かが、いま論議の焦点となっている。

　これら各時期のおおよその年代を、共伴する中国・朝鮮の文物や平行関係、あるいは年輪年代研究の成果も加えて西暦で示すと、早期は紀元前六～五世紀、前期（Ⅰ期）の初めが前五～前四世紀、前期末～中期初（Ⅰ期末～Ⅱ期）が前三世紀～前二世紀前半、中期前半（Ⅲ期）が前二世紀後半～前一世紀前半、中期後半（Ⅳ期）が前一世紀後半前後、後期（Ⅴ期）前半が一世紀、後期（Ⅴ期）後半が二世紀となる。庄内式は三世紀前半代が中心で、布留式の始まりは三世紀中ごろ以後とみられる。

　弥生時代の集落研究は、単位集団▲の把握から始まったが、近年の大規模調査の成果によると、集落には拠点集落と周辺小集落▲があり、一つの拠点集落とま

▼**環溝（濠）**　環濠が一般に普及しているが、「濠」では最初から防御の意が入るため、私は「溝」を使っている。

▼**単位集団**　数棟で一まとまりの住居群をこう呼び、消費生活の単位と考える。近藤義郎「共同体と単位集団」『考古学研究』第六巻第一号、一九五九年。

▼**拠点集落と周辺小集落**　拠点集落が地域の核となって長期間営まれるのに対し、周辺小集落は、そこから分村や機能の一部を果たすために飛び出し、短期間で終わる。

わりのいくつかの小集落が結びついて一つの村をなすから、弥生集落の歴史の流れをつかむには、拠点集落の内容の解明が必要になる。しかも拠点集落の多くは環濠集落だから、本書では環濠集落を主体に「中の地域」の早～後期の村(集落)▲の様相を述べることとする。

集落の居住域の広さと人口▲との関係を、ここでは小(一万㎡前後、一〇～五〇人)、中(三万㎡前後、一〇〇～三〇〇人)、大(六万㎡以上、三〇〇～一〇〇〇人)、巨大(二〇万㎡以上、一〇〇〇人以上)にわけ、四〇万㎡以上は超巨大集落とする。

なお私は、集落に関わるありとあらゆる遺物や遺構を動員して一時期の諸施設の配置と関係を決め、そこにひそむ構造を取り出すとともに、時期ごとの変化から集落の変動をよみとる集落構造論の立場にたつ。そのため集落にはどんな施設があるかを見ておく。

家屋には地面を掘り込んだ竪穴《たてあな》住居と、地面を掘り込まず柱をたてただけの掘立柱《ほったてばしら》建物(以下、建物)があり、建物はさらに床が地面にある平地《へいち》建物(平屋)と床が地面より高い高床《たかゆか》建物(高屋)にわかれる。建物は短辺(梁行《はりゆき》)と長辺(桁行《けたゆき》)の柱の間の数であらわす。一般的に側柱のみの建物は平屋で、柱筋に柱

▼**村(集落)**　これまで「ムラ」と表現されたが、本書ではこうした理由で「村」を用いている。また農村の枠では収まらない遺跡もあって、「集落」も併用する。

▼**集落の広さと人口**　森井貞雄氏はすでに近畿の事例から、第一～第五ランクにわけて推定している。森井貞雄「近畿地方の環濠集落」『弥生時代の集落』(学生社)二〇〇一年。

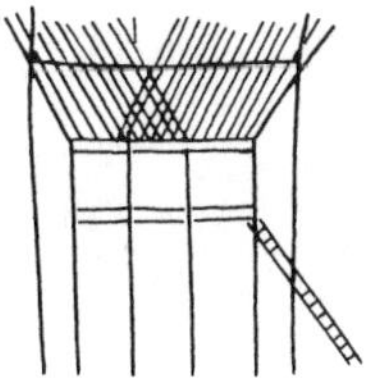

●―図3　(伝)香川県出土の銅鐸に描かれた高床倉庫

▼独立棟持柱建物　棟持柱を外に出す建物。

がすべてたつ総柱の建物は梁行一間のものも含めて高屋とする。

　発掘で出た遺構の上部は、焼失家屋の炭化材や、土器・銅鐸の絵画、古墳時代の家屋文鏡などから復元する。竪穴住居は周囲に土手をつくって屋根をふき下ろすが、屋根と土手のあいだに壁をつくる(壁立住居)場合もある。平屋は寄棟《よせむね》の屋根とみられ、住居や工房、共同作業場などがあり、大きさや炉の有無、出土遺物などから判断する。高屋のうち梁行一間の例は切妻《きりづま》屋根の倉庫の例が多いが、張り出し部の中にたつ物見《ものみ》櫓《やぐら》の実例もあり、これは寄棟屋根になる。二間×二間までは倉庫とするが、それ以上の間数の総柱建物になると、倉庫のほかに政治や祭祀に関わる楼閣《ろうかく》とする場合が多い。奈良県唐古・鍵遺跡の高層建物の絵画はこうした楼閣を描く。棟飾りをもつ寄棟の建物も屋根の中央下にハシゴがかかり、楼閣の一種かとみられる。これらの建物の役割は柱穴や柱の大きさ、深さや形、張り出しの有無、周囲の状況から判断される。独立棟持《むなもち》柱《ばしら》をもつ建物▲を、倉から発展した神殿とする意見には賛否がある。建物は三五〜四〇㎡以上を大型、一〇〇㎡以上を超大型建物と呼ぶ。

　区画施設には溝・柵・塀・土塁がある。出入口は単純に区画施設がとぎれる

●——図4　楼閣が描かれた土器
（弥生中期、唐古・鍵47次出土）
二つの土器片が発見されている。両者は同一の土器に間違いないが、二階説と三階説があり、別の建物の可能性もあるという。

だけでなく、鍵の手状をなしたり、門柱や土の橋、木の橋がつく時もあり、道路へ通ずる。

住居以外の竪穴には深く掘った貯蔵穴や井戸、浅く不整形に掘った一時的な収納庫やゴミ捨て穴があり、木器のつくりかけを保管するにも穴を掘る。

とくにクラ（貯蔵穴や高床倉庫）は、人々の食料やその集落の貴重な財産や武器を保管する重要な施設である。また、何もない空白地は、何もないからこそ重要で、村のさまざまな行事や会議、祭祀や接客のための広場となる。

残念なのは、多くの拠点集落に関して、議論の土台となるはずの正式報告書がほとんどない点である。本書でも使用した概報やシンポジウム資料、特別展の図録だけでは本格的な検討は無理であり、正式報告書で訂正されるかもしれない不安も抱えていることを念頭に置いて、本書を読んでいただきたい。

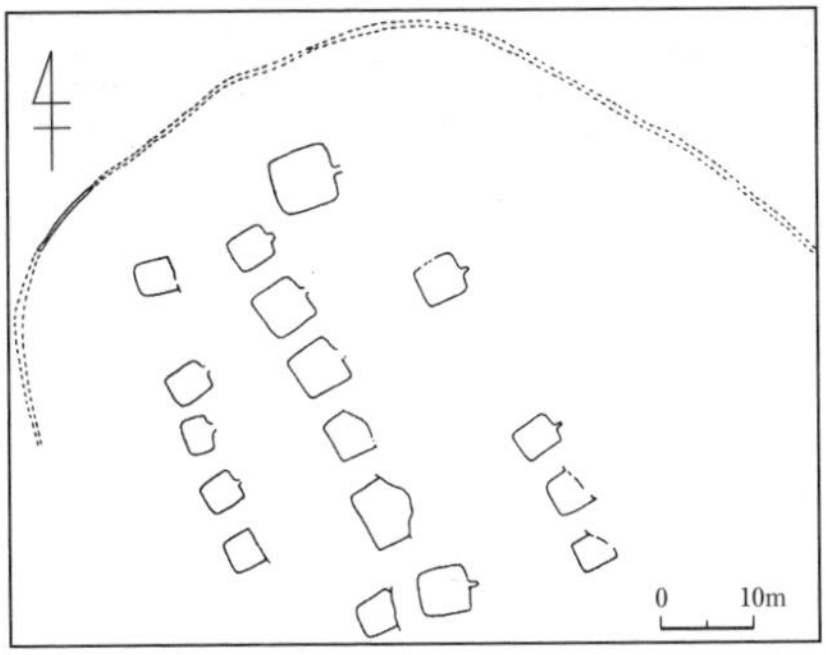

図5　白音長汗遺跡の環溝集落

①縄文の村から弥生の村へ

東アジアの環溝集落

環溝集落を含めて、弥生早期にみられる新来の要素の源流は、中国大陸(以下、中国)だが、直接の祖型は朝鮮半島(以下、朝鮮)にある。縄文村から弥生村への移り変わりを述べる前に、中国・朝鮮の環溝集落をみておく。

中国

環溝集落は東アジアでは中国の新石器時代にまず出現した。北部では内蒙古の興隆窪《シンロンワ》遺跡と白音長汗《バイインチャンハン》遺跡が古く(前六〇〇〇〜前五〇〇〇年)、環溝は円形にめぐり、内部の住居群は入口の方向をそろえて列をなす凝集式である。

中原の黄河流域では、仰韶《ヤンシャオ》文化前半の半坡《パンポー》期(前五〇〇〇〜前四〇〇〇年)の陝西《シャンシー》省姜寨《ジャンザイ》遺跡や半坡遺跡の環溝がやはり円形にめぐって、日常生活空間を囲い込む。中央には広場や墓をつくり、そのまわりの住居群は入口を中央にむける求心式で、いくつかの群がみられる。

南部の長江流域では湖南省城頭山《チェントオシャン》遺跡で大溪《ダーシー》文化期(前四〇〇〇〜前三〇〇

●―図6　黄河流域と長江流域の環溝

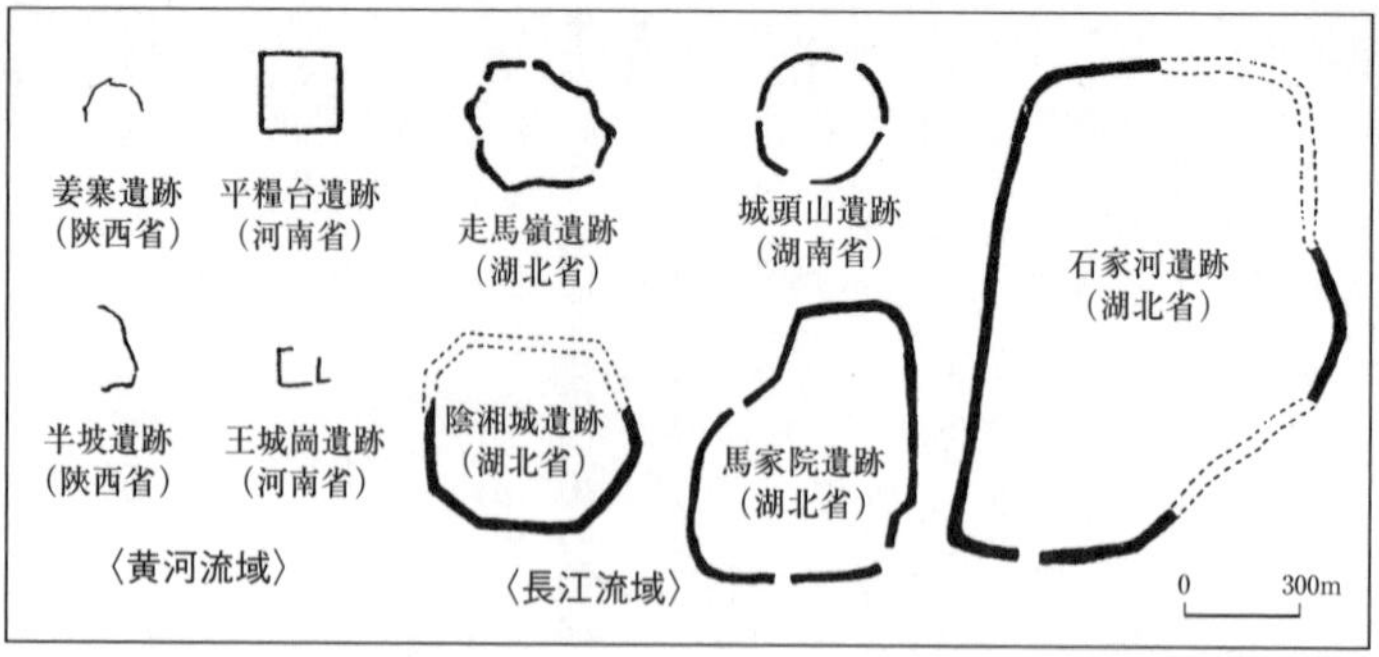

○年）までさかのぼる円形の環溝が出た。

このように、中国各地の初期環溝集落は平面が円形で、その中に集落の人々の居住施設をすべて囲い込む特色をもつ。東アジアの環溝集落は、その内部の人々全員のための円形で出発する点が重要である。

広場は、こうした環溝内部の中央にある。甘粛省大地湾《ダーディーワン》遺跡では、楕円形の環溝の中心部にある広場の中央に大形の公共建物（平面積六〇㎡）が立ち、この村をまとめる役割を果たす。

姜寨では、環溝の一部が張り出して竪穴住居をその中に配する見張り所をもつ。入口は溝が単純に途切れるだけでなく、左右の溝を食い違えて鍵の手状につくる。こうした施設や半坡のような巨大な溝（深さ五～六m、幅六～八m）は、戦争のための防御とされやすい。しかし、環溝の役割▲は、害獣の侵入を防ぐとともに、内と外の世界を区画するための象徴的な意味が強かったという。半坡では環溝の中に南北最大約六〇mの内環溝があり、やはり入口は鍵の手状をなす。一部の人々（首長層か）のための区画ができる点が重要である。

その後、長江流域では屈家嶺《キュジャリン》期や石家河《シージャホー》期（前三〇〇〇～前二〇〇〇年）に、

▼中国の環溝の役割　姜寨では溝のすぐそばまで住居や貯蔵穴がつくられて、溝の内側に土塁があった形跡はなく、戦争の激化を示す武器類の発達も目立たない。

●図7　偃師殷城

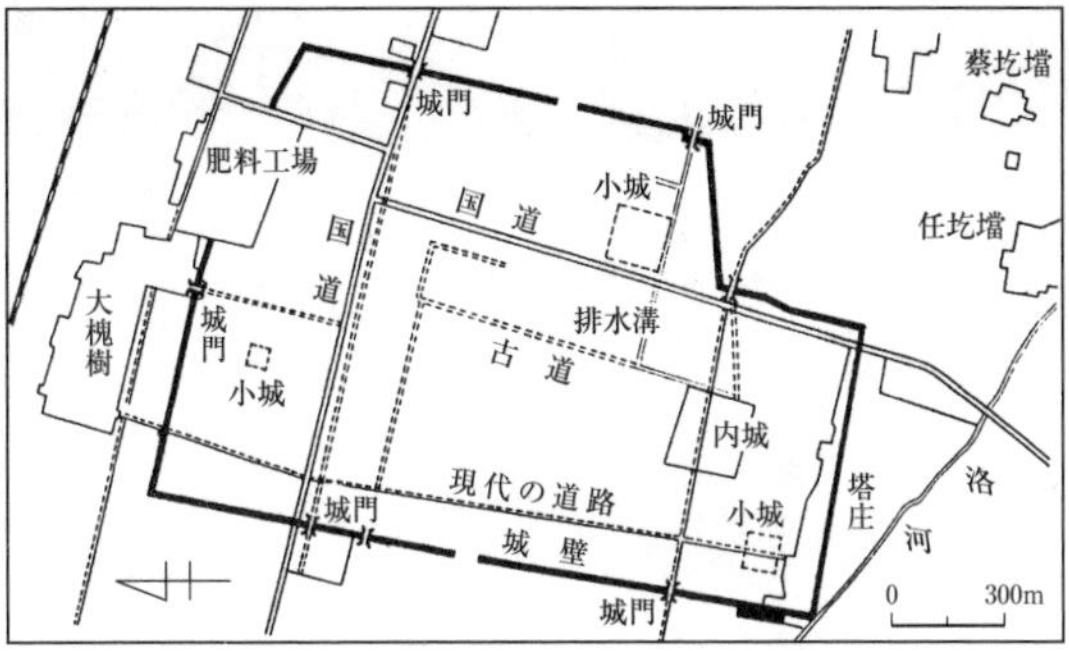

城塞《じょうさい》遺跡と呼ばれる広大な土塁（城壁）をもつ集落ができる。城頭山は円形、湖北省陰湘城《インシャンチェン》遺跡は八角形だが、やや遅れる湖北省石家河遺跡はおおよそ隅丸長方形で、南北一・二km、東西一・一km、面積一二〇万㎡になる。

黄河流域では龍山《ロンシャン》文化中期（前二五〇〇年頃）の河南省平糧台《ピンリャンタイ》遺跡で、一辺一八五ｍの直線的な四辺をもつ方形の城塞遺跡があらわれ、南門の両側には向き合う形で門衛室を設ける。

これらの城塞遺跡は、初期の環溝集落から本格的な城郭都市への途上にあり、都市か否かが論議中だが、龍山文化期には方形になる点が重要である。

中国の本格的な城郭都市は、いまのところ殷《いん》代まで確実にさかのぼる。河南省偃師殷城《いんじょう》（前一五〇〇年頃）はほぼ長方形（南北一・七km、東西一・二五km）で、直線的な城壁をもつ。内部は四つの小城を中心に直線道路が縦横に走る。中央やや西寄りの1号小城（一辺二〇〇〜一六〇ｍの方形）は宮城とみられ、大型建物が北側中央に一棟、その前の左右に四棟たつという。その後の中国の都城は方形が基本で、春秋戦国時代には各地でつくられ、国都級では外城の中に内城をつくって王城区と民居区を分離した。

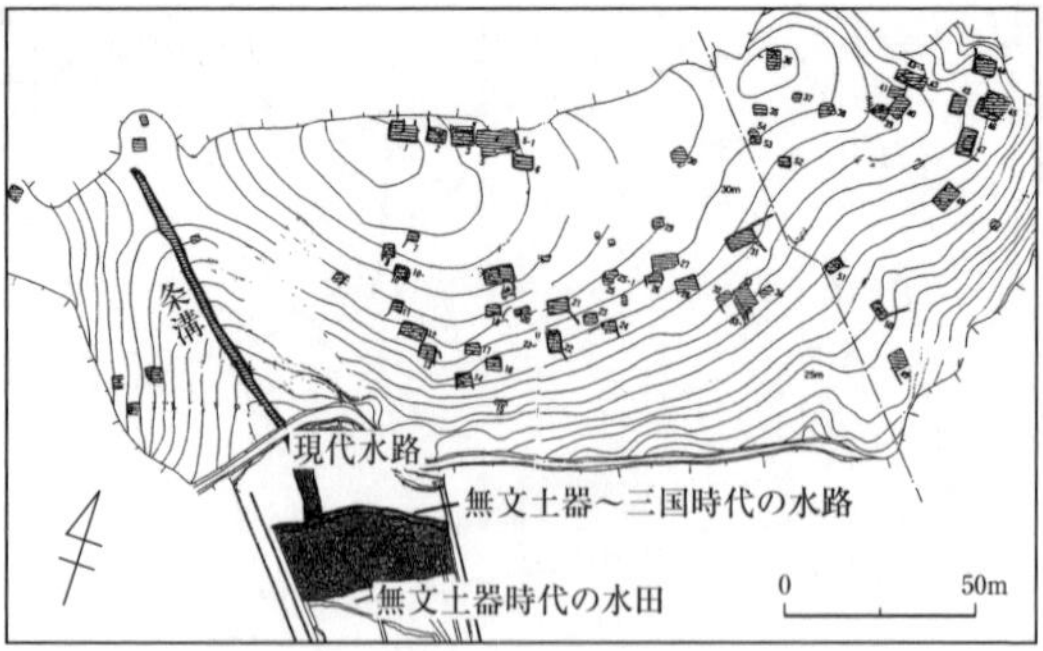

●──図8　無去洞玉峴遺跡

朝鮮

朝鮮では、農業社会が成立した無文土器時代の環溝集落がいま南部で次々と発見され、北部の空白もそのうち埋まるだろう。多くは無文土器時代中期(前六～前四世紀)で、蔚山《ウルサン》市検丹里《コムダンニ》遺跡や忠清南道松菊里《ソングンニ》遺跡が古くから有名だが、最近では中期の高地性環溝集落(慶尚南道南山《ナムサン》遺跡)や、前期(前八～前六世紀)後半にさかのぼる条溝集落(蔚山市無去洞玉峴《ムゴドンオクヒョン》遺跡)もある。玉峴の条溝は舌状にのびる台地先端の集落を区画し、竪穴住居七十余基はほとんどが区画の中にある。

松菊里の中期の柵列は、地形に沿って延々と曲走して竪穴住居などの日常生活空間全体を囲み、柵列の外側の登り口付近には逆茂木《さかもぎ》を設ける。柵列が囲う範囲は最大六一万㎡、最小でも三〇万㎡で、国の拠点集落である。内部には高床建物の柱穴が密集するところもあるが全容は不明で、のちにこの柵列の一部をこわして円形環溝を掘る。

このほか、南山や検丹里、大邱《テグ》市東川洞《トンチョンドン》遺跡や蔚山市川上《チョンサン》遺跡など、無文土器時代前・中期の環溝は、いずれも円形ないしその変形で地形に沿って曲走

●—図9　検丹里遺跡

▼**朝鮮の国の始まり**　遼寧式銅剣は朝鮮では首長層の墓に副葬したり、共同の祭祀に用いて埋納すべき聖なる政治的器物である。全羅南道の麗水半島では、積良洞《チョンニャンドン》遺跡に集中して副葬され、この時期に国ができ始めた。

し、全周しない場合もある。そして、検丹里で環溝と同時期の住居が外側にもあるほかは、いずれも環溝をめぐらした時点で日常の居住施設をすべて囲うのが原則で、朝鮮でも環溝集落は「全員のための円形」で始まる。また、全体の構造は不明だが、慶尚南道大坪里《テピョンニ》遺跡では二基の円形環溝があり、内部には首長層の区画もありそうである。東川洞の中期の環溝では中心部に建物が集中し、慶尚南道梨琴洞《イグムドン》遺跡では環溝こそないが、床面積が一〇〇㎡を越える超大型建物がある。さまざまな規模や種類の建物あるいは多様な環溝は、無文土器時代中期に社会階層の分解が進んだことを示す。じっさい、遼寧式銅剣の様相をみると、朝鮮ではこの時期に国が形成され始めたとみられる。▲

円形環溝は、無文土器時代の後期(前三〜前一世紀)を経て原三国時代(前一〜三世紀)までつづくようだが、北部では前漢〜三国時代までつづく中国の郡治やその支配下の県城に、方形を基本とする土城を築く。

楽浪《らくろう》郡治(平壌市楽浪土城)や帯方《たいほう》郡治(黄海北道智塔里《チタムニ》土城)は一辺五〇〇〜六〇〇m、県城は一辺三〇〇mほどである。したがって郡治は三〇万㎡前後、県城は一〇万㎡以下という格差がつく。そして県城は方形の内城をもち、その大

●図10　楽浪郡・帯方郡関係の土城

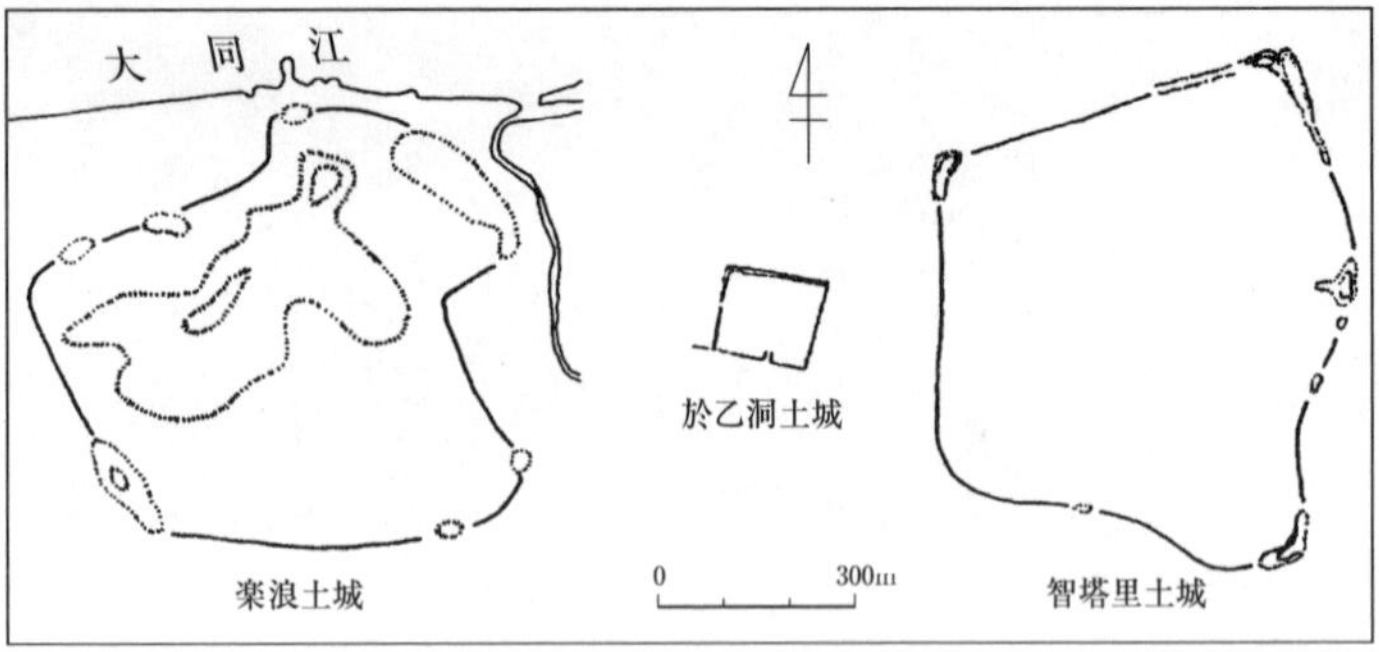

きさは粘蟬《ねんてい》県城（平安南道於乙洞《オウルドン》土城）で東西一七〇m、南北一二〇m、列口《れっこう》県城（黄海南道雲城里《ウンソンニ》土城）で東西一〇〇m、南北六〇mである。いっぽう楽浪土城では、東北隅の二〇〇m四方に遺物が集中して文字瓦当や封泥も出るため、この一角に官衙《かんが》が集中し、壁で囲まれた楽浪大守の大きな役所があって、中の広場で倭人をはじめ東夷《とうい》の諸族の使者を接見したとみられる。

朝鮮南部では馬韓に属する京畿道渼沙里《ミサリ》遺跡で、原三国時代後期（二世紀後半~三世紀）の方形環溝の一部が出た。ここでは東西に平行して走る二条の直線的な溝にはさまれた五三~五四mのあいだに、北辺に沿って二棟の総柱高床建物がたつ。この二棟は方向が同じで、しかも北側の柱筋が通るから同時存在とみられ、それらの南側は何もない空間、つまり広場となる。この二棟の建物は大きさとつくりが違うから、別個の機能をもち、一方は首長層の住まいや祭祀などの首長権にかかわる建物、いま一つは倉庫であろう。もちろん、この方形環溝自体は大きな集落の中の一部にすぎず、全体的な様相や国の拠点集落かどうかも不明だが、この時期までには三韓社会にも首長層のための方形環溝が出現し、広場も含めて集落の中の重要な施設をその中に取り込む。

なお、百済《くだら》前期の都城である風納《プンナプ》土城（ソウル市）は周囲三・五㎞で平面長円形に近く、近年の調査の結果では、三世紀中頃には土塁が完成し、土城の内部ではこれに先行する一世紀頃の三条環溝もあり、環溝から土城へと展開した。

●―図11　渼沙里遺跡の環溝

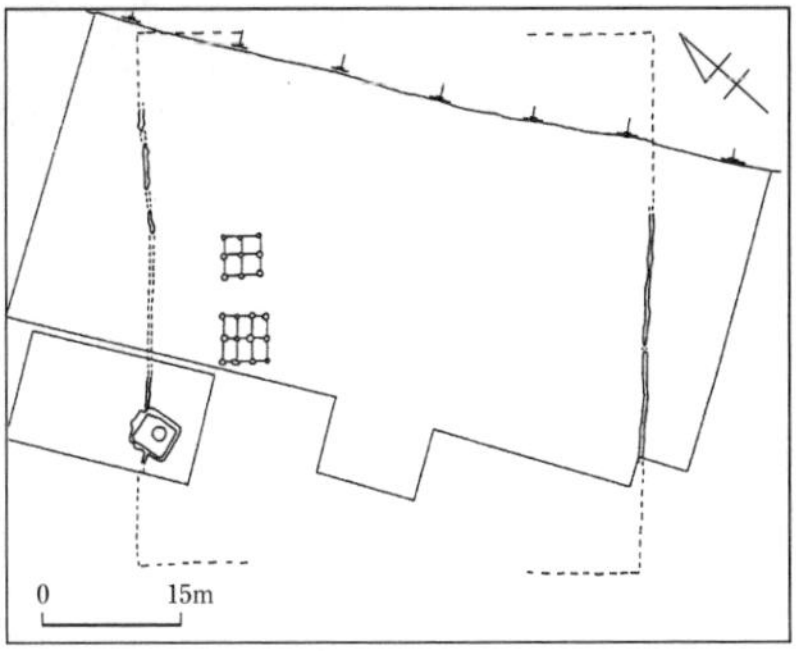

縄文の村と環溝

一九七〇年頃までの日本考古学の研究では、「弥生文化は光、縄文文化は影」であり、採集経済社会に生きる縄文人は、「その日暮らしのみじめで貧しく弱々しい野蛮人」とされてきた。しかし一九七〇年代の後半には、世界的な未開社会見直し▲の波が日本の縄文時代研究にもおよび、母なる大地を傷つけることを拒否する縄文人像、溝を掘らず自然とともに生きる縄文人像が描かれる。

弥生時代にも自然との共生はあったし、「権力の集中や、国家への道に社会が進むのを押し止める動き」もあったはずだが、弥生社会の成立を「歴史の発展」として無邪気に善しとはできなくなったのも確かである。また、縄文人も自然をまったく改造しなかったわけではなく、最近では縄文時代の環溝や柵の実例もある。

▼**未開社会の見直し**　未開社会は一日三〜四時間働くだけで全員の欲求が充足される〝始原のあふれる社会〟であるという。そして、「弥生社会以降の『歴史の発展』とは、日本列島の自然の破壊史であり、人間の堕落史でしかない」との論も出される。

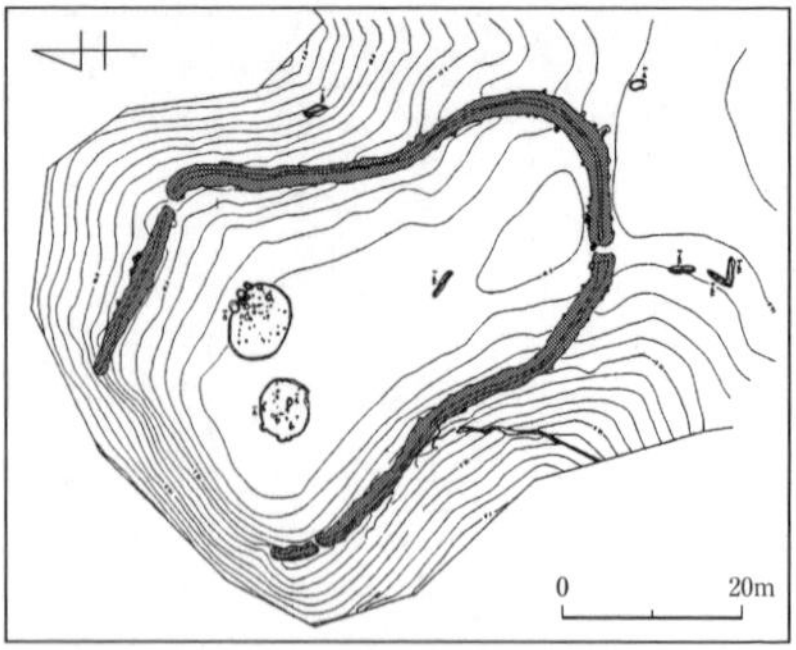

●—図12　静川遺跡の環溝

縄文時代の環溝は北海道の静川《しずかわ》遺跡(苫小牧市)と丸《まる》子《こ》山《やま》遺跡(千歳市)で中期の例がある。静川の環溝は長径六六mのヒョウタン形で、丘陵の上面を囲むように等高線(標高一二m前後)に沿う。西北側が二七・五mほど大きくあき、ほかに出入口がもう二カ所ある。内部の広さは一六〇〇㎡で、西北側に竪穴住居が二棟あるが、いずれも炉はなく柱穴も不明で、環溝内の遺物も少ない。丸子山の環溝も地形に沿う洋梨形(長径七〇m、短径六〇m)で、やはり西北側三五mほどを大きく開き、ほかにも陸橋が五カ所ある。内部の広さは二七〇〇㎡だが、環溝と同時期の遺構はない。

したがってこれらの環溝は、村から離れて、公共的な行事や祭祀・儀礼などの非日常的な目的で使われ、日常的な施設を囲う弥生環溝とは性格が異なる。伝播経路も大陸から北回りで入ったとみられ、弥生環溝にはつながらない。

このほかに墓地を囲ったり、水場への導水や排水、あるいは集落での排水の溝もあるが、全般的に東日本に多い。柵列も東日本に多く、晩期を中心に時間的にも分布の上でも広がりをもち、縄文時代集落の一要素である。

弥生文化成立の地である北部九州では、アミダ遺跡(福岡県嘉麻市)で、後期

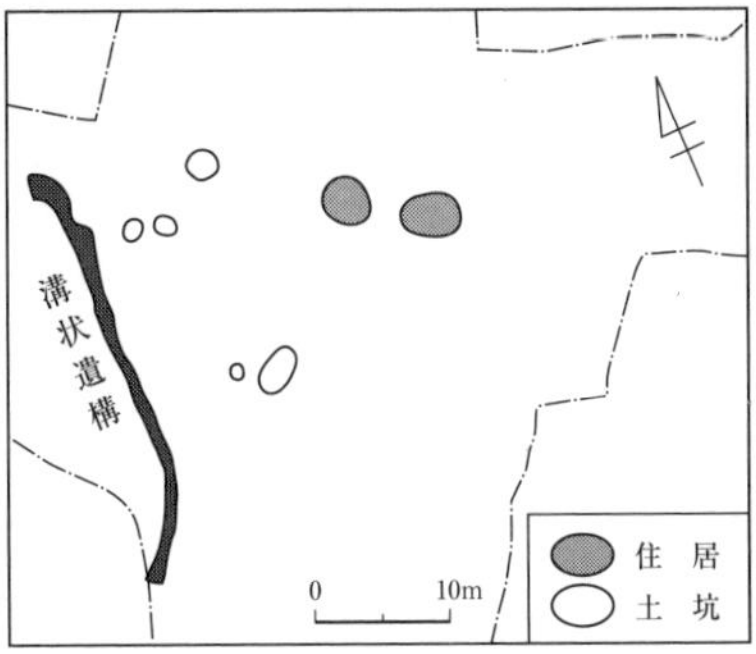

●──図13　アミダ遺跡の溝と同時期の住居や竪穴

末に集落の西側、台地の縁に、内向きの弧をなす溝を掘る。環溝とするには円弧の向きが逆で、集落中央の低地に水が流れ込まないための排水用の溝である。

縄文時代の溝は弥生時代の環溝とは一線を画し、縄文人は基本的には溝を掘らなかったといえる。

弥生村の始まり

弥生時代の重要な生産活動は、水田でのコメづくりである。そのため縄文村とちがって、弥生村は平野部に点々と分布する。たとえば、佐賀県唐津湾岸の旧石器・縄文時代の遺跡は、標高六〇〜二〇〇mの上場《うわば》台地が主だが、弥生時代の遺跡は唐津平野でも当時の海岸線近くの低湿地にびっしりと沿う。

上場台地で狩猟・採集の生活を送っていた人々の多くは山を降りて農民となり、縄文村とは異なった景観の中で暮らし始めたのである。こうした村の立地の変化はここだけでなく、「中の地域」に共通する。そして人々は弥生村でさかんに溝を掘る。自然と人々はもはや一体ではなくて対立し、弥生人にとって大地は掘り返して作物を実らせるための、森は伐り倒して農具や水田を維持する杭・割板を得たり新たな農地を開くための素材や資源となった。縄文人はみずからが移動して泉から水を汲んだが、弥生人は動かずに大地をうがった井戸で水を汲み上げる点も両者の自然観のちがいをよくあらわす。

花粉分析の結果も、弥生時代の初めには森林破壊があり、現代へと連なる本格的な環境破壊へ一歩踏み出したことを示す。もちろん、その後は植生も回復し、弥生人は自然と共生する方向性も持つが、その場合の自然は、人間のための自然という意味合いが強い。

こうした人と自然との関係は、人と人との関係にも反映した。この点で、日常の生活施設を取り囲む環溝は、人と自然を切り離すだけでなく、集落の中の人々と外の人々の間を明確に切り離し、関係にミゾをつくる。人と人を区分し、対立させ、格差をつける動きの本格化である。これが農業に根ざした弥生社会の本質だから、最古の環溝集落は日本で最初の農村で、形で示す農民宣言でもあり、弥生時代と縄文時代を区分する指標になる。

最古の環溝集落は、大陸文化の門戸であり、弥生文化の発祥の地である北部九州にまず出現する。

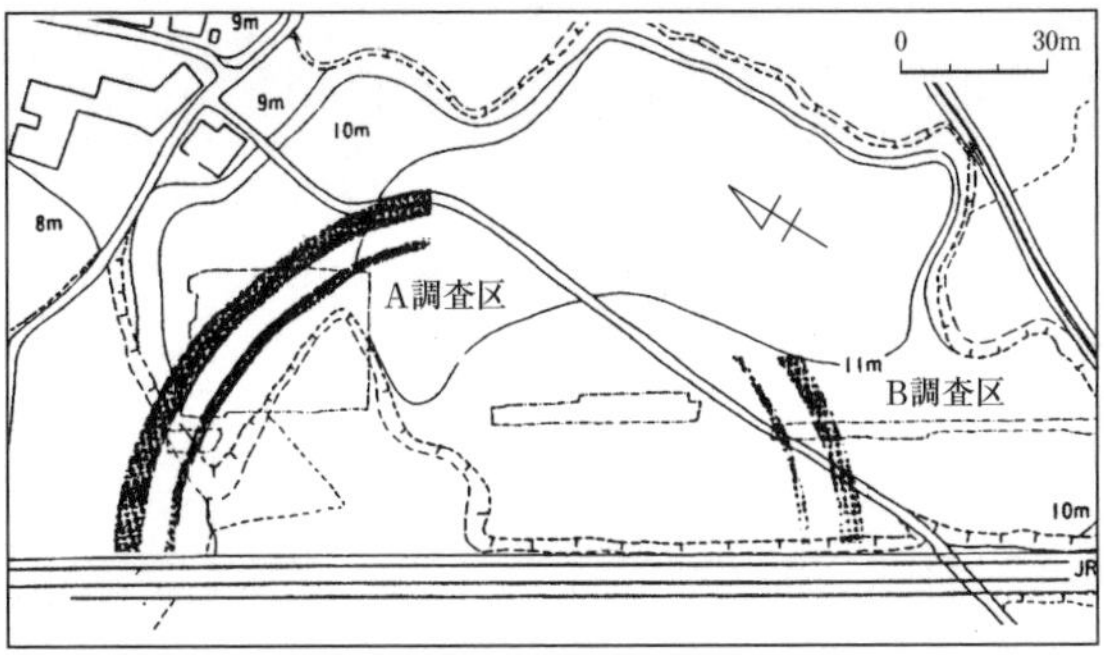

●―図14　那珂遺跡の二重環溝

初期の環溝集落

一九五一年の発掘以来、前期初頭の板付遺跡(福岡市)例が最古の環溝集落だったが、一九九〇年代になると、那珂《なか》遺跡(福岡市)や江辻《えつじ》遺跡(福岡県粕屋町)第2・3・5地点で、さらに古い弥生早期の環溝が確認された。那珂の環溝は外溝(SD01)と内溝(SD02)の二条一組で、部分的な調査だが、①どちらも土器は時期が同じで、②両者の間隔は一定し、③多少の誤差はあるが正円に近い弧を描くから、この二条の溝は別々ではなく、同時に掘られ使用された。外溝の外径は約一五〇m、内溝の内径は一二五mだから、全周すれば内部の面積はおよそ一・二万㎡となる。しかし内部は高さ二mほど削られていたため、残念ながら居住施設は消滅していた。

最古の農村の内容は、江辻で明らかになった。ここの溝は浅くて何度も掘り直されるが、円弧を描いてめぐる。ただし二〇〇一年の調査結果では、全周はせずに微高地の段落ちにぶつかり、先端部の集落を切り離して終わるとみられる。この弧状溝は完全ではないがやはり円形環溝の一種で、その中には、朝鮮南部に起源をもつ松菊里型▲の円形竪穴住居を環状に配する。

▼**松菊里型住居**　朝鮮南部の中期無文土器文化にみられる円形の竪穴住居。中央の長円形の穴(炉ではない)と、それをはさんで相対する二本の柱穴が特色である。

江辻村の時期は早期から前期初頭である。公表された土器や住居跡のつくりを見ると、溝に沿う住居群が早期に属し、その内側の住居は前期に下るから、当初の中央部は広場になって、建物が七棟たつ。七棟のうち六棟は、短辺（梁行）が一間、長辺（桁行）が二〜五間の高床倉庫である。残りの一棟は（梁行）四間×（桁行）五間、床面積五八㎡の平屋で、祭祀や集会など多目的に使用され、この集落を統合した公共の大型建物である。また、建物群は西側に片寄るから、東側がこの集落の入口であろう。

墓地は住居群とは別個に北側にあり、早期が主体の西群（墓地群B）と前期初頭が主体の東群（墓地群A）にわかれる。溝の外に松菊里型住居はないから、この溝は全員の居住施設を囲い込む。

こうした那珂や江辻の様相からすると、日本の農村も、自分達全員をヨソモノと区別する「全員のための円形環溝」で始まる。建物や広場は中央部にあって誰のモノでもないから、全員のものである。したがって公的な情報の交換や村の方針の決定、祭祀や外部との交渉は大型建物を中心に広場で全員の意思のもとに運営され、村の財産や収穫物も全員で管理した。

●―図15　江辻遺跡

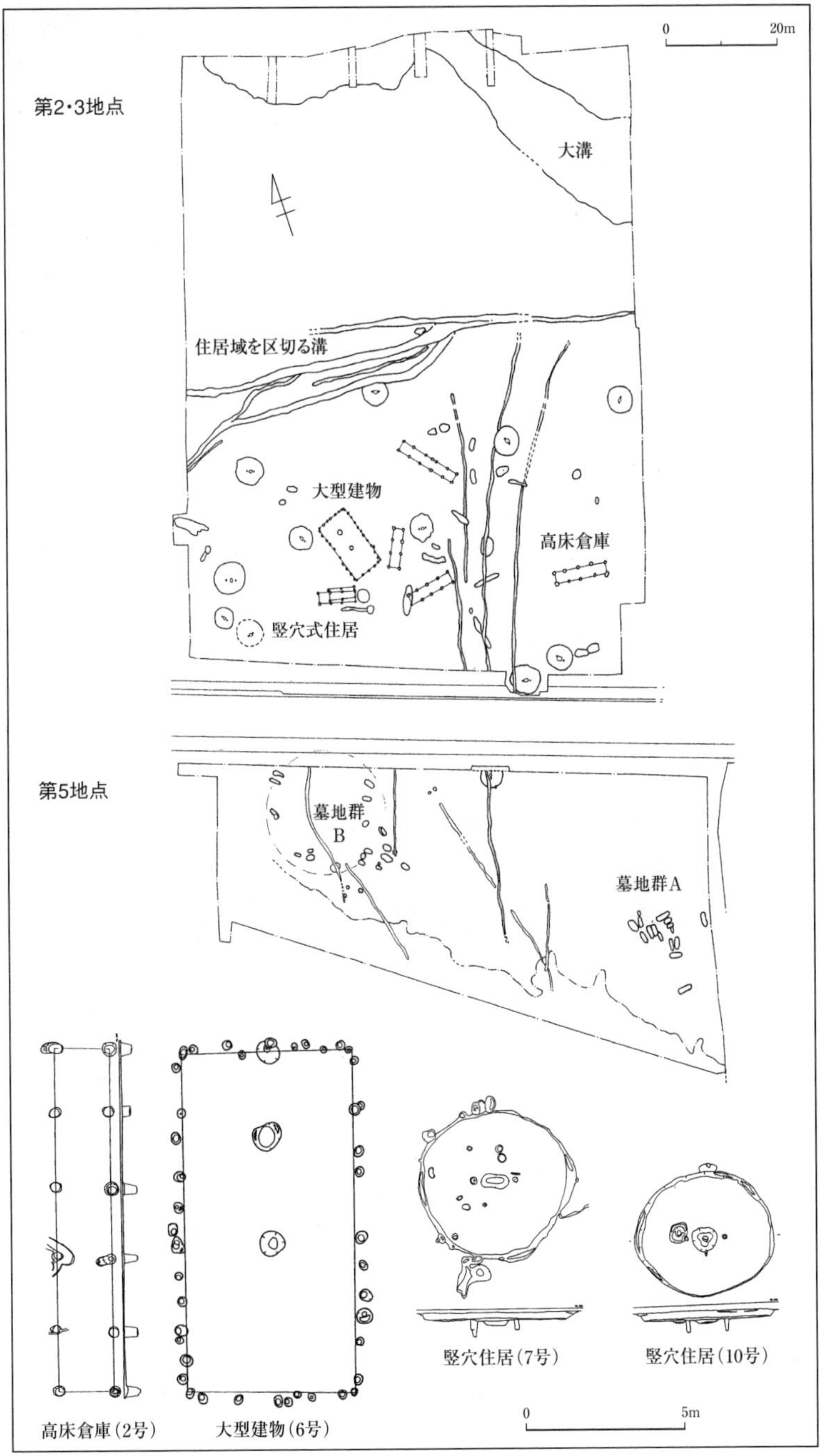
0
20m
第2･3地点
大溝
住居域を区切る溝
大型建物
高床倉庫
竪穴式住居
第5地点
墓地群
B
墓地群A
竪穴住居(7号)
竪穴住居(10号)
0
5m
高床倉庫(2号)
大型建物(6号)

図16　朝鮮の高床倉庫と日本の高床倉庫

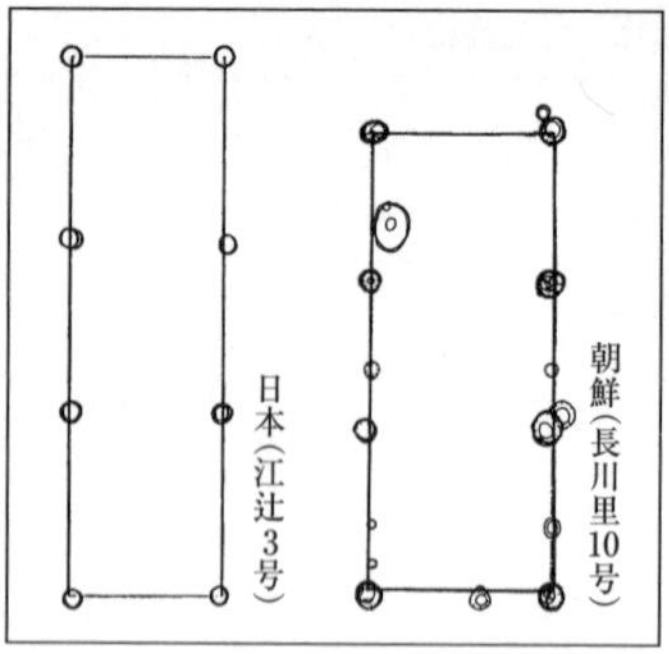

また、縄文の村では居住空間の中に墓をつくるが、弥生時代の環溝集落は居住空間の外に墓を放り出して、死者と生者の日常的なつながり(霊的交流)を断ち切る。

こうした円形環溝が、弥生文化の直接の故地である朝鮮南部の円形環溝を再現した面はもちろんある。しかし、朝鮮の高床倉庫は梁行の方が桁行より一間分の長さが長いが、江辻の高床倉庫は桁行の方が長く、これは縄文時代の建物にもみられる特色だから、縄文の村の円形配置の流れも同時に受け継ぐ。

じっさいこの時期の遺物の様相をみると、中期無文土器系の石器が目立つが、数量は縄文系が圧倒する。土器でも粘土帯を積み上げてつくる際にその上面を外に傾ける技法や、丹塗磨研《にぬりまけん》の壺、外反口縁の甕は無文土器系だが、ほかの多くは縄文系である。しかも土器・石器はこれまでなかった器種を選択的に導入して、ただちに改変する。また、後述する後期無文土器系が過半数を占めるような無文土器人の集住地点はなく、在来の人々と新たに渡来した無文土器人系の人々は、一つの集落、一つの地域内に共住・共存しながら弥生時代の扉を押し開いたのである。

●—図17　朝鮮と日本の丹塗磨研土器

日本(曲り田遺跡)　朝鮮(検丹里遺跡)

当時の人々には春秋戦国時代の方形都市の情報がすでに入っていただろう。しかし、知っていることと実現することは別である。人と自然、人と人、死者と生者を切り離し、村の外の人々と競合するための環溝が、それでもなお円形にめぐって村人全員のものである点は、弥生の理念と縄文の理念の妥協を示す。そして、中国・朝鮮の状況からすれば、東アジアの初期円形環溝は、農民と採集民の理念の妥協の産物といえよう。

このように集落の中の諸施設の配置や規模は、決してデタラメではなく計画的で、基本設計があり、そこにはその集落が負う時代性や地域性、当時の社会構造が刻まれていることを、江辻や那珂の環溝集落は再認識させる。

前期初頭(板付Ⅰ式期)の環溝は板付や有田《ありた》遺跡(福岡市)で全体の様相がわかり、ほかにも例が増えているが、どれも円形でほとんど北部九州に限られる。

板付の環溝は平面が南北に長い卵形(南北一一〇m、東西八一m、面積六七〇〇㎡)で、台地中央の最高所をめぐる。その一角には直線的な溝(弦状溝)が走り、貯蔵穴が密集する区域を画する。後世の削平がひどくて住居跡は不明だが、溝の中に獣骨や貝殻がみられ、丘陵斜面に中・後期の住居はあるが前期の例はな

●―図18 板付遺跡の環溝

く、弦状溝は貯蔵区と居住区にわけるから、前期の住居(一〇棟前後か)はやはり環溝の中にあっただろう。なお、この環溝を内濠とし、その外側にも環溝(外濠)がめぐって二重環溝になるとの意見もあるが、これは用水路で、居住区全体を囲う吉野ケ里の外濠とは性格を異にする。

早期～前期初頭の環溝は、のちの巨大環溝よりかなり小さく、通常一～二の単位集団を囲む。那珂(一・二万㎡)や有田A環溝(四・三万㎡)はもう少し大きくて、いくつかの集団を含むだろうが、内部構造がほとんどわからない。

なお、板付の台地北側の縁で出たこの時期の井戸や不整形な穴がこの近くの人々の生活用ならば、環溝に入れる人とそうでない人の差が生じた可能性がある。環溝に近い小児墓地は遠い墓地よりも数が少なくて副葬品をもつ。選ばれた子供達の存在も暗示的である。また、東《ひがし》小《お》田《だ》峯《みね》遺跡(福岡県筑前町)では有力集団墓とみられる方形周溝墓がある。こうした現象からみて、この時期の社会構造は決して平板ではなく、地域の中では大きな環溝集落―小さな環溝集落―環溝のない集落という階層構造ができ、一つの村の中でも上下の関係ができつつあった。ただしその後も北部九州の円形環溝は一貫してめぐらした当初は全

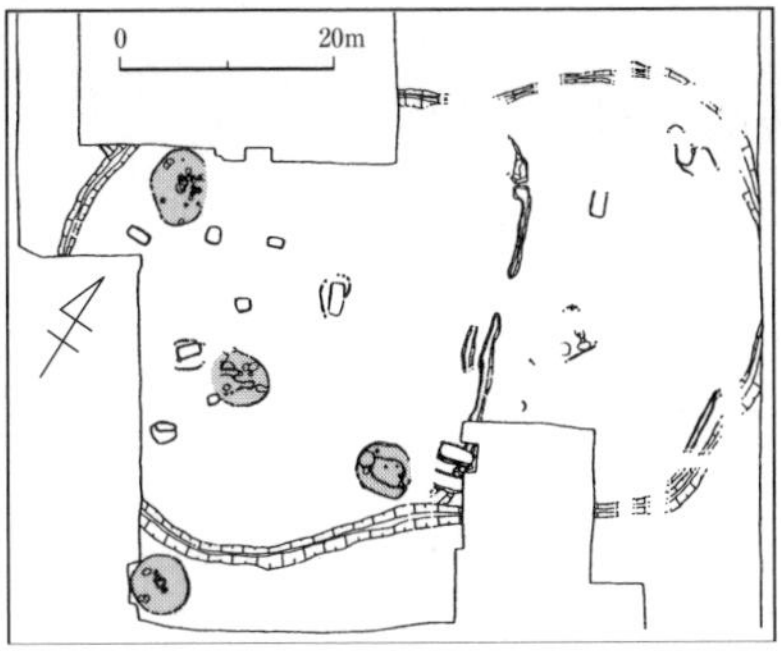

●—図19　大開遺跡の遺構（弥生前期、第3遺構面）

体を囲うから、板付の状況は一過性のものだった可能性もある。

環溝集落のひろがり

北部九州で成立した環溝集落は、前期前半〜中頃以降に日本各地へ東進するが、地形に沿って曲走する変形例も含め、どれも円形環溝で、日常の居住施設全体を囲う基本的な性格もそのままである。

たとえば百間川沢田《ひゃっけんがわさわだ》遺跡（岡山市）では、環溝が幅三・五mで卵形（長径一〇〇m、短径七〇m）にめぐり、竪穴住居跡五棟以上や土坑、円形周溝遺構などを囲う。土坑の一部には墓かとされる例もあり、土壙墓ならばやや特異である。

四国では庄《しょう》・蔵本《くらもと》遺跡（徳島市）で円形二条環溝の一部が出ており、山陰では鳥取県下で前期後半の円形環溝がいくつかみられる。

近畿地域で最古の大開《だいかい》遺跡（神戸市）では、まず径四〇mの円形環溝をめぐらして、次に四〇×七〇mの繭形にひろげる。竪穴住居は最初に三棟、拡張区に二棟があり、貯蔵穴と共存するが、環溝外にも一棟ある。

前期後半には高蔵《たかくら》遺跡（名古屋市）など東海地域まで及ぶが、関東地域までは

●──図20　西日本の環濠集落

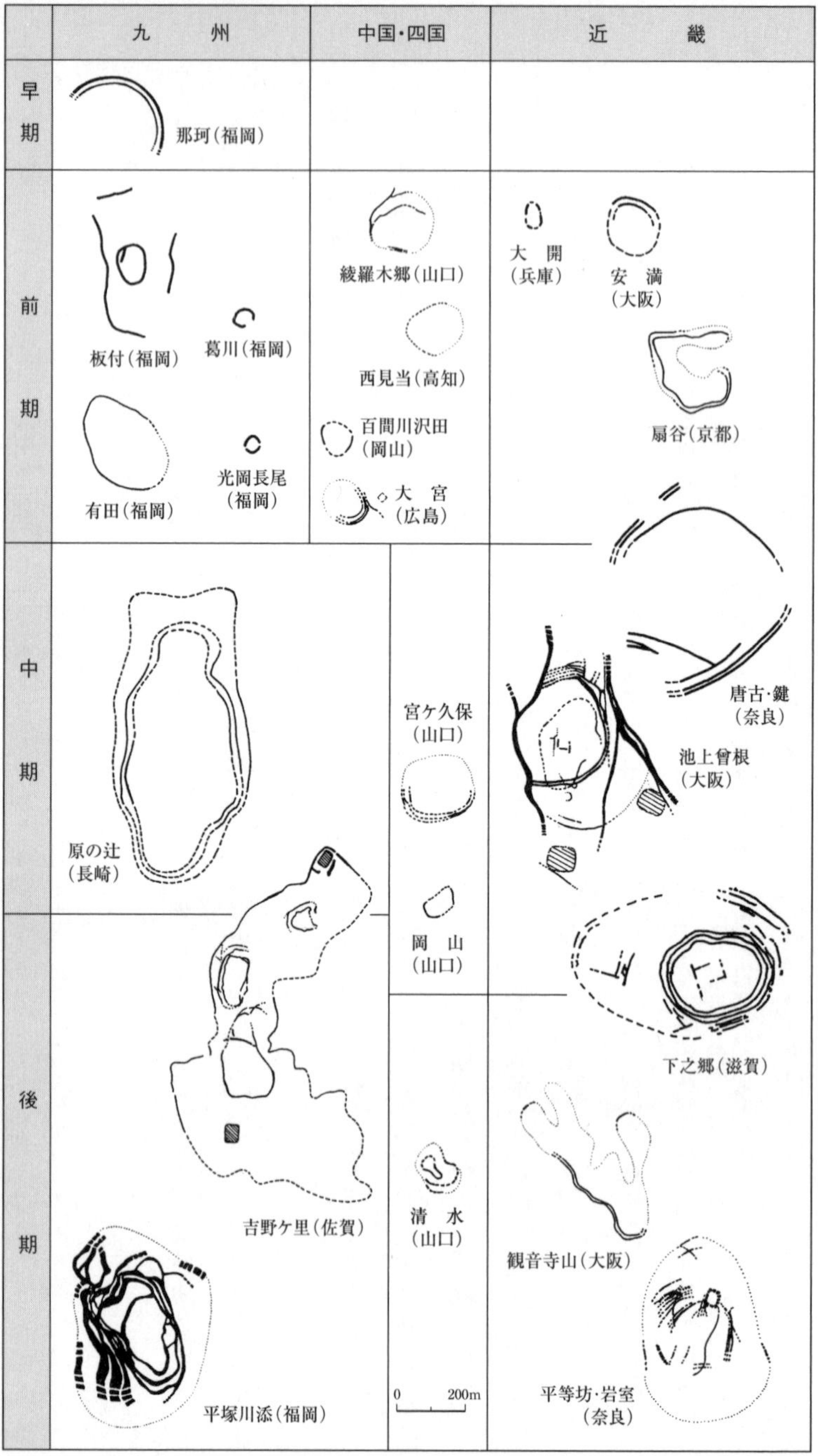

九　州
中国・四国
近　畿
早期
前期
中期
後期
那珂(福岡)
板付(福岡)
葛川(福岡)
有田(福岡)
光岡長尾
(福岡)
綾羅木郷(山口)
西見当(高知)
百間川沢田
(岡山)
大　宮
(広島)
大　開
(兵庫)
安　満
(大阪)
扇谷(京都)
唐古・鍵
(奈良)
池上曽根
(大阪)
原の辻
(長崎)
宮ケ久保
(山口)
岡　山
(山口)
下之郷(滋賀)
吉野ケ里(佐賀)
清　水
(山口)
観音寺山(大阪)
0　200m
平等坊・岩室
(奈良)
平塚川添(福岡)

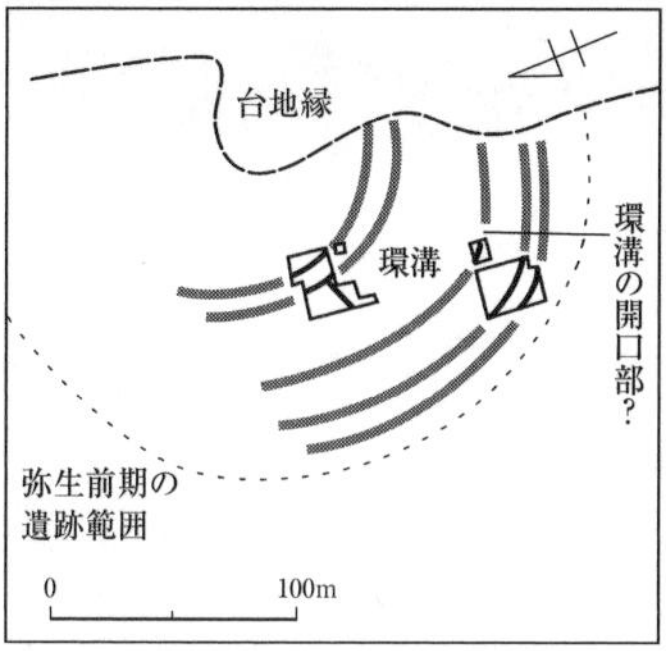

図21　高蔵遺跡の環溝

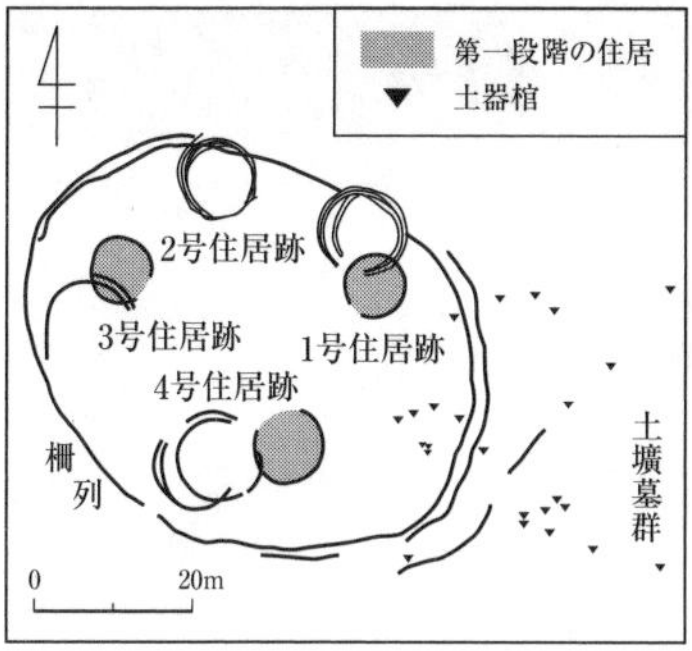

図22　地蔵田遺跡

いたらない。これはいままで指摘されてきた、弥生文化の第一次波及を示す遠賀川《おんががわ》系土器の面的な分布とほぼ一致する。特に条痕文系土器群の地帯に属する白石《しらいし》遺跡（愛知県豊橋市）の環溝の土器は、遠賀川系が多数であり、この地域の環溝は全体的に遠賀川系と強く結びつく。高蔵では環溝が同心円的に掘り直され、最初の径一〇〇ｍが、最後は二〇〇ｍ近くまで拡大する。松河戸《まつかわど》遺跡（愛知県春日井市）も最初の二条環溝の北東に、あとで一条つけ足す。また山中《やまなか》遺跡（愛知県一宮市）の環溝は、内部に竪穴住居、外部に周溝墓があって、墓域と日常生活域を明確に分断する。これらの特色は、北部九州から基本的な性格がそのままである。

松河戸や高蔵あるいは三重県四日市市の永井《ながい》遺跡や大谷《おおたに》遺跡などは多条環溝で、内部面積は一万㎡を越え、一万㎡以下の一条環溝より大規模である。

いっぽう、秋田市地蔵田《じぞうでん》B遺跡では円形の柵列の中に当初三棟の住居跡が営まれ、四棟に増えるとともに柵列も外側に拡大する。遠賀川系の土器が住居や柵列の外の墓地から出たため、当初は西日本の弥生環溝集落の影響であらわれた集落と考えた。しかしその後、この地域では地蔵田Bよりも古い柵列集落が

●―図23　三沢北中尾遺跡復元図

あるため、これらの柵列は在来の縄文文化につながり、朝鮮の松菊里のような柵列とは無関係だとわかった。ただし、多くの墓が外にあったり、遠賀川系土器の存在や柵列の拡大は、弥生的な色彩ではないかとまだ考えている。

ともあれ東海以西の前期の環溝は円形が基本で、ほとんどが墓地を切り離して一まとまりの住居群全体を囲み、北部九州の諸例と共通する。しかもこれらはそれぞれの地域の拠点集落であり、環溝をもつ集落ともたない集落で差がつき、さらに地域によっては環溝の大小で格差がつき始めていた。

なお北部九州では前期中頃〜後半になると、貯蔵穴を囲む円形の環溝もあらわれる。これは板付の前期初頭の弦状溝による貯蔵区画が独立したと考えられる。この問題はすでに一九八二〜八三年の葛川《くずかわ》遺跡（福岡県苅田町）の調査成果から提起され、ほかにもいくつか候補があったが、環溝内での住居の存在を完全には否定できなかった。そして一九九九年からの三沢北中尾《みつさわきたなかお》遺跡（福岡県小郡市）の調査で、外側に竪穴住居、内側に貯蔵穴のみを五〇ほど配する円形環溝（径八〇〜九〇ｍ）が明らかになり証明された。

環溝の居住域用と貯蔵域用への役割の分化は、社会の複雑化も示す。

②―国の成立と集落

なぜ国か

弥生時代には中国の史書に「国《くに》」と記され、▲平野や盆地・河川流域を単位とする地域ごとの政治的な組織（以下、国とする）ができる。国の内部では村と村とのあいだに政治的な上下関係ができ、村のなかは有力な人々（首長層）と一般の人々（民衆）とに分裂して、国の頂点に立つ村の首長（王＝キミ）が登場するなど、階層分化が進む。

ところで、いま私は、家族とともに暮らしながら、弥生町という町内会に属し、福岡市西区の住民そして福岡県民でもあり、九州人として括られる気質をもち、日本国民であるとともにアジアの一員、さらにはこの地球の市民でもある。この世界にはさまざまな規模や質の人間集団が重なりあい、人はいくつもの集団に同時に属する。

弥生時代の人間集団も、（A）一つの住居に始まり、（B）住居群、（C）複数の住居群、（D）小河川や山麓ごとの小地域から、（E）単位地域の国や、（F）それ

▼**中国史書にみえる国**　まず『漢書』地理志に「楽浪海中有倭人、分為百余国、以歳時来献見云」とある。『魏志』倭人伝の冒頭には「倭人帯方東南海中、依山島為国邑。旧百余国。漢時有朝見者。今使訳所通三十国」とあり、「対馬国」「一大（支）国」「末盧国」「伊都国」「奴国」「不弥国」「投馬国」「邪馬台国」「狗奴国」などの国名がみられ、とくに「対馬国」〜「伊都国」までの記述は詳しい。『後漢書』倭伝は、先行する『魏志』倭人伝とは別に「建武中元二年、倭奴国奉貢朝賀、使人自称大夫、倭国之極南界也。光武賜以印綬。安帝永初元年、倭国王帥升等献生口百六十人。願請見」という独自の記事をのせる。建武中元二年は五七年、永初元年は一〇七年にあたる。

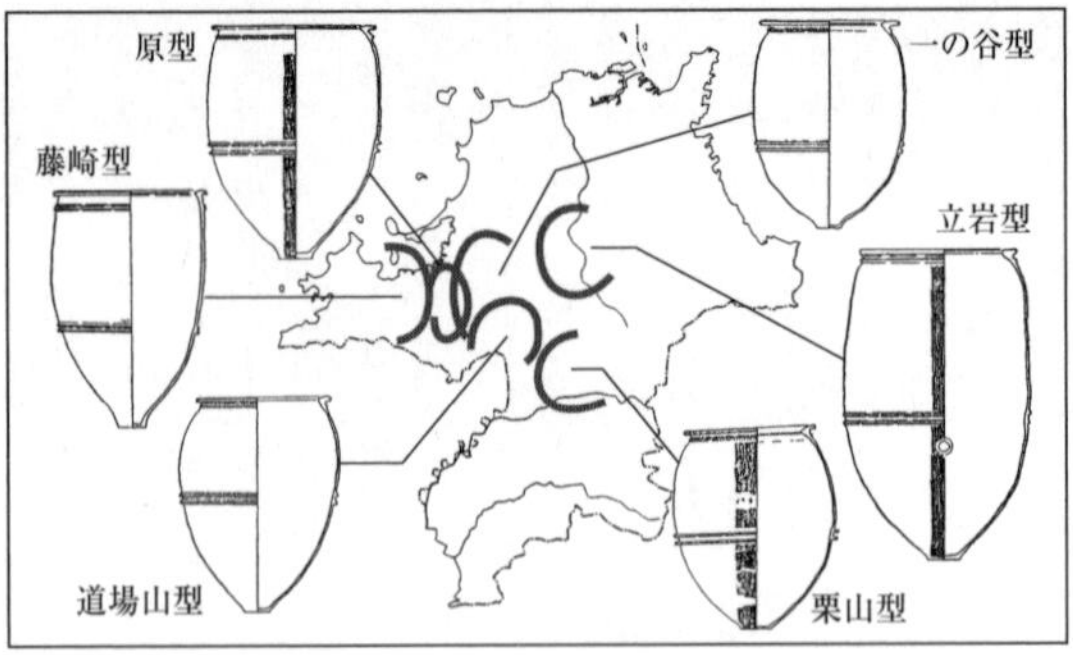

●—図24　甕棺の地域色（弥生中期後半の北部九州）

らの国々の連合体にいたるまで重層する。このうちAは消費単位の世帯、Bは労働編成の基礎単位としての世帯共同体、Cは土地の占有主体で周辺の小集落までも含む村である。

Cまでは直接的な遺構や空閑地、溝・柵などの全体を囲む施設などによって把握できる。いっぽうD・E・Fは常には存在せず、直接的に囲む遺構もないから、それらを捉えるには分析が必要である。

遺物、とくに土器の細かな地域色を見出して、その広がりを押さえるのも一つの方法である。しかし地域色だけでは、政治的な結合の証明にならない。国のできる要因を考えるならば、単位地域の中で政治的な器物を多数もつ盟主的な遺跡があるのか、階層構造が強化され階級社会へ転化する兆しがあるのかを見る必要がある。

なぜ国ができ、階層構造が強化されキミがあらわれるのか。

第一は、水稲農業を基礎とする弥生社会では、大きな人間集団ほどより安定し、より多く収穫できるため、それぞれの集団は常に耕地や居住地を開発・拡大し人口を増やす方向に動く。すでに述べた日本各地の初期環濠集落の拡張傾向もその一つのあらわれである。したがってほかの集団との利害の衝突や生き残り競争は避けられない。そこでは当然、大きくてしかもよく組織された集団が優位に立つ。また相反する利害の調整には政治力が要る。

第二に、私たちは農村というと、すべてそこでまかなう自給自足の村と思いがちだが、弥生の村はさまざまなモノやコトを外部から得てはじめて存立できた。しかも日本の中だけでなく、海外からの鉄器・青銅器やその原料などのさまざまなモノや権威・情報が必要で、そのための使者の送迎は一つの村ではできないことである。

こうして村を越えた力が結集され、国ができる。そこでは階層構造を強化した集団が、全体の意志をすみやかにまとめて、ほかの集団を傘下におさめた。また、秋の収穫まで苦労・我慢し働いて得たコメを、また次の収穫まで苦労・我慢し働くために食べるという、無限に続く地獄のような繰り返しの中で暮らす一般の人々が、コメを無意味に消費する(明日の労働のためではなく、いまここでただ食べるために食べる)ことで人生の輝きを取り戻して自分達にわかち与える聖なる人々を欲したことも、政治的な首長層があらわれる大きな要因であった。

墓から見た国の成立

したがって、単位地域の中での階層構造のありかたは、そこでの国の形成度に連動し、逆に国の形成がどの程度進んだかの目安になる。なかでも墓地の様相や青銅器をどう保有しているかは、階層構造を敏感にあらわす。

単位地域のまとまり自体は弥生時代の当初からあったが、国の出現は、もっとも早い北部九州でも、前期末（Ⅰ期末）から中期前半（Ⅲ期）にかけてである。

福岡市の早良《さわら》平野では、政治的な器物として副葬される朝鮮系青銅器▲（細形の剣・矛《ほこ》・戈《か》や多鈕細文鏡《たちゅうさいもんきょう》）は、吉武《よしたけ》遺跡に集中し、岸田遺跡の五本を除くと他の拠点集落（東入部《ひがしいるべ》、飯倉唐木《いいくらからき》、有田、野方《のかた》など）では一〜二本程度にすぎない。

したがって吉武村は、他の集落の上に立って「単位地域」（早良国と仮称）をまとめる盟主的な村で、吉武—その他の拠点集落—小集落という序列ができる。

また、吉武村の内部にも、高木《たかぎ》—大石《おおいし》—その他の墓地の順で格差ができる。

もう一つ重要なのは、早良平野のほかにもこの時期にはまるで細胞の核のよ

▼**朝鮮系青銅器**　朝鮮では細形の青銅武器は有力者の墓に副葬される。平壌市貞栢洞《チョンベクドン》1号墓では「夫租薉君」（夫租という地域の薉族の君＝政治的な指導者、首長）銀印に、細形の銅剣・銅矛がともない、日常生活でも聖別され、首長層が保持する政治的な器物である。こうした取り扱いは、北部九州でもそっくり再現されている。

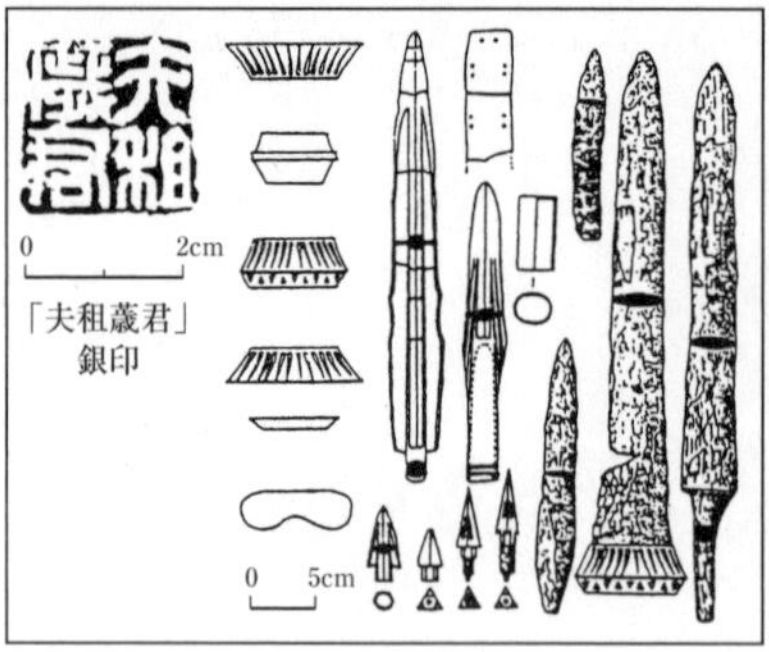

●—図25　貞栢洞1号墓出土遺物

うに各単位地域に一つずつ、朝鮮系の青銅器を集中してもつ村があって、吉武高木と同じく青銅器と墳丘墓・区画墓が結びつき、しかもそれら青銅器の内容が相互に大同小異で優劣の差がみとめられない点である。これは、国という政治組織がいっせいにでき、相互に実力の差がないことを示す。『漢書』地理志にいう百余国体制（多くの国々が林立する状況）は、この時期までさかのぼる。

また、モノの流通からすれば、この時期すでに国々のまとまり（ツクシ政権や初期筑紫政権などと呼ばれる）もでき始めていた。

国の成立と拠点集落

こうした国の成立状況は集落からもうかがわれる。やはり早良平野を例にとると、吉武村の全体像や囲郭施設はまだ不明だが、墓地も含めた全体の面積は四〇万㎡に達する。生活施設は北端と南端に集中し、その範囲は合わせて一〇万㎡を越える。報告書によると、ここは前期後半に北端部のわりと小さな集落から始まる。前期末には北端部に住居群や高床倉庫群がみられるが、吉武高木の墓地の始まりと直接関わる住居群はまだ未調査のようである。中期初頭にな

●—図26 細形青銅武器と多鈕細文鏡（吉武高木3号墓）

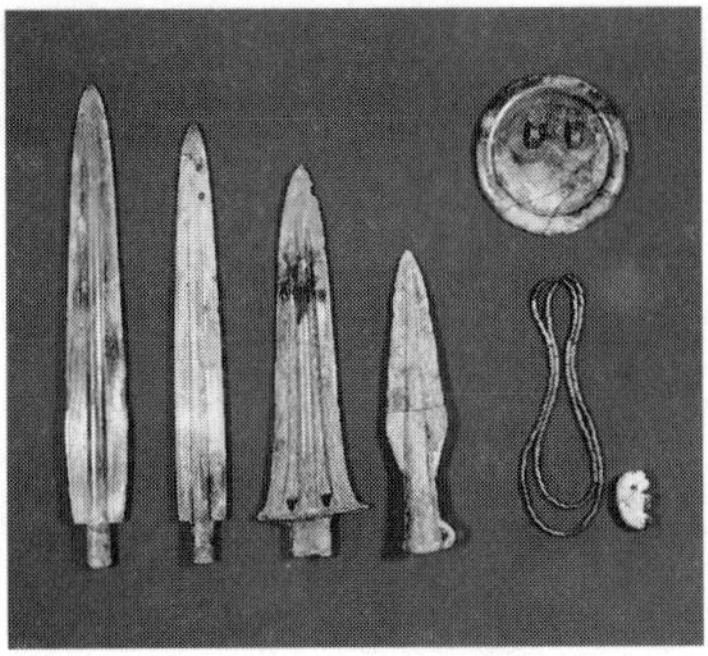

▼**青銅器を集中保有する村**　唐津平野（末盧国《まつろ》）には宇木汲田《うきくんでん》遺跡、福岡平野（奴国《な》）には板付（田端地区）、壱岐島（一支国《いき》）には原の辻、佐賀平野東部には吉野ケ里がある。

▼**モノの流通からみた国々のまとまり**　今山《いまやま》（福岡市）産石斧は国を越えて流通し、佐賀平野で生産された三条節帯の銅矛は玄界灘《げんかいなだ》沿岸部に分布する。

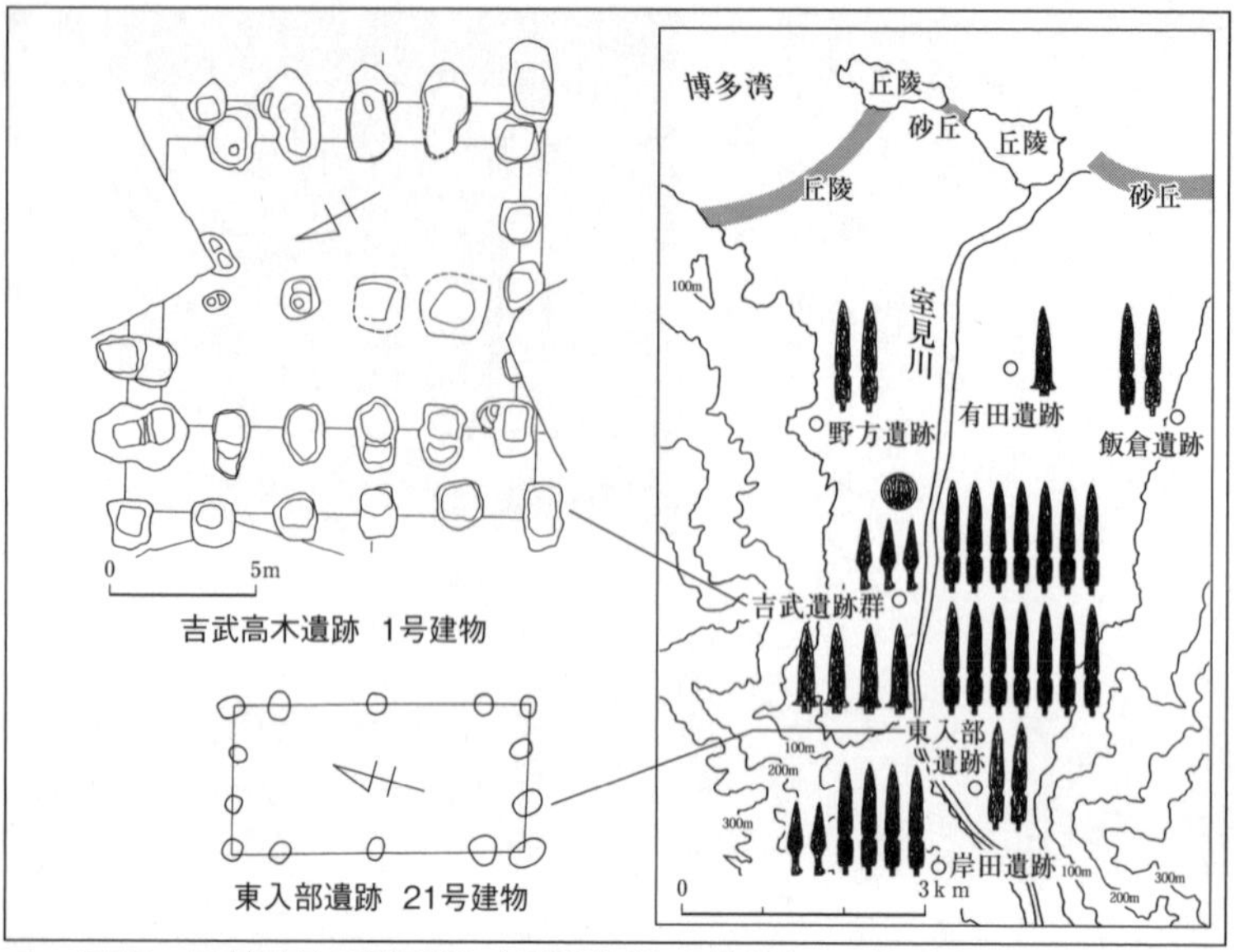

●—図27 早良平野の青銅器と大型建物(弥生前期末〜中期前半)

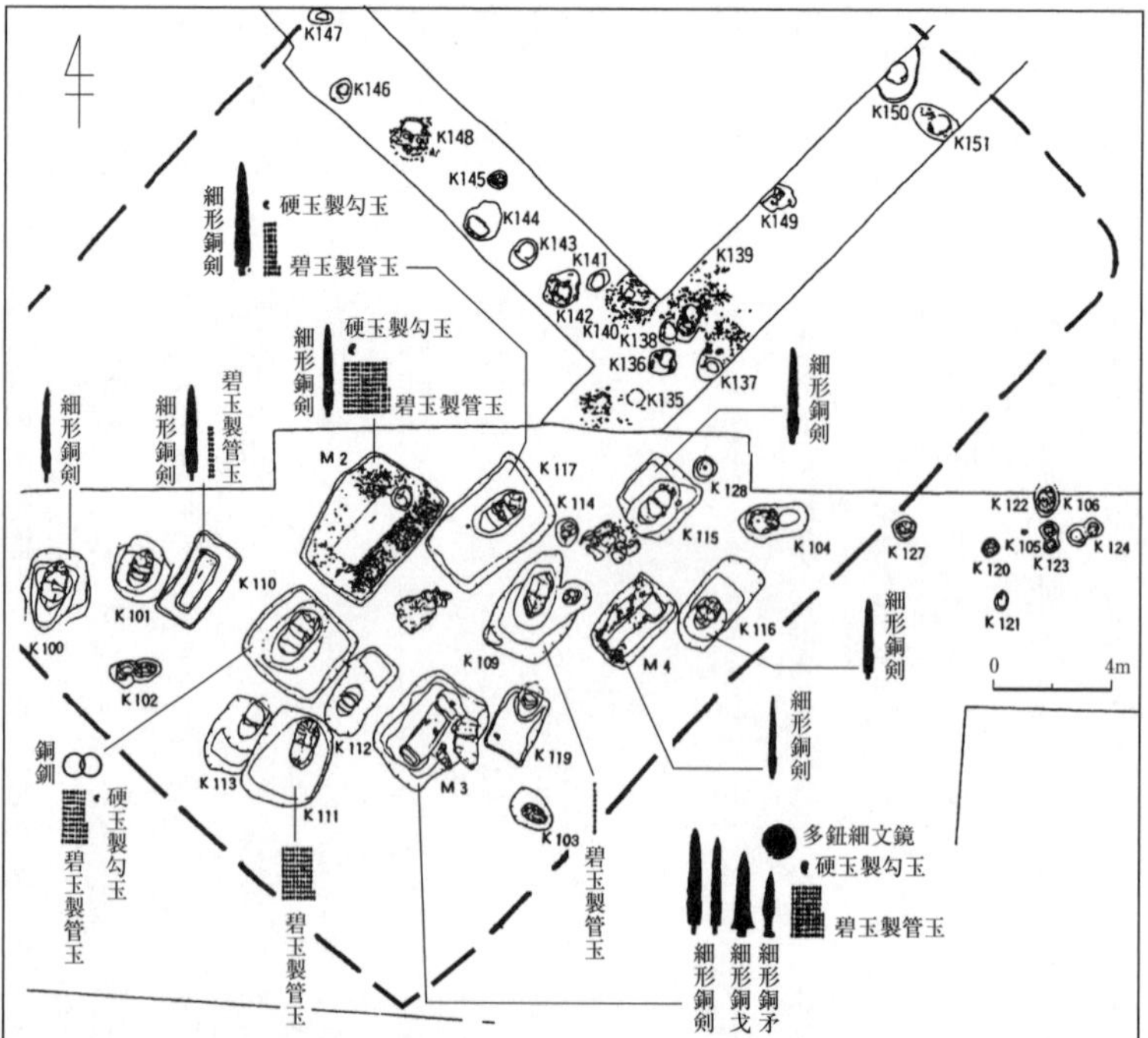

●—図28 吉武高木地区の墳墓と副葬品

●—図29　北部九州の国モデル（弥生前期末〜中期前半）

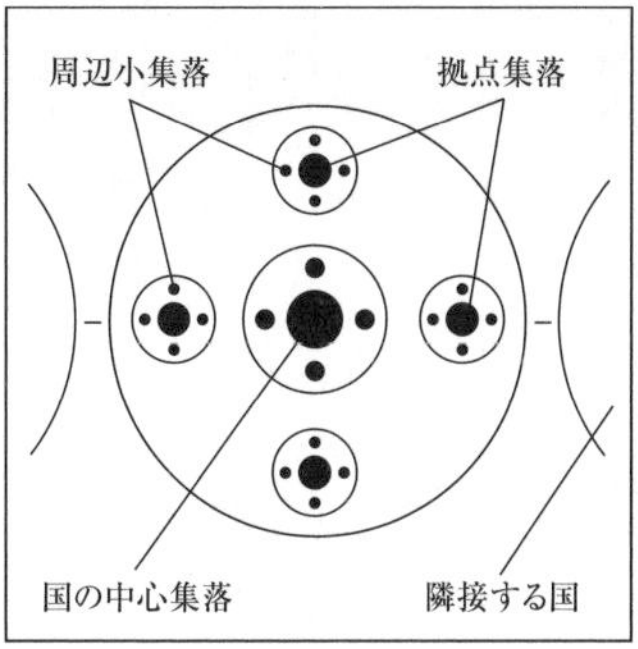

▼**中国の陵寝制度**　中国の戦国〜漢代にみられる建物で、祖先祭や宗族の儀式を行なう所であるほか、政治上の儀式を行ない、決定した命令を布告するところでもあった。

ると、南端側でも建物や土坑、円形の竪穴住居などが墓地周辺につくられる。とくに高木の墓地から五〇m離れた扇状地の縁には四間×五間で中期後半に廃絶する超大型建物（床面積一一五・二㎡）がたつ。

　この建物の柱穴の掘り方は隅丸の方形か長方形で、外側が高い二段掘りが多く、最小で一・四×一・二m、最大で二・四×一・四mと大きい。中央には棟持柱《むなもちばしら》とみられる柱穴が二〜三個ある。側柱の外側にも平行して柱穴群があり、本体のまわりに露台か回廊施設をもつ高床建物とされたが、異論もある。ほかの建物は吉武高木の墓地より一段低いところにあるのに、この建物だけは墓から見上げる位置にあり、墓と軸線をそろえるから、吉武村の首長層に対応する建物といえる。これを墓前建物と呼んでおくが、すでに中国の陵寝《りょうしん》制度▲との関連が注目されており、首長層は高木の墓地に葬られた祖霊をまつることで村のなか、そして早良国をまとめたのである。

　また南端部ではこのほかに、竪穴住居とは別個の区域に一間×二間の高床倉庫がまとまっており、倉庫区域が確立している。

　中期前半〜中頃には、北側では二カ所で住居群と倉庫群がセットになり、大型建物もみられる。自然流路に挟まれた台地上には小型の倉庫群が数カ所できる。南端は変わらず倉庫群の区域である。また中央にはこの時期に樋渡《ひわたし》墳丘墓がつくられ始める。

そして中期後半には北側は大小の円形住居のみに変わり、南側は全時期を通じて最大となり、方形・円形の竪穴住居や一間×二間の高床倉庫のほかに二間×五間、三間×三間、三間×五間の大型建物もある。

こうした変遷をみると、前期末～中期初の高木の南側の建物群はまだ卓越していないため、高木に隣接する倉庫群の近くの人々の一部が王族として高木の区画墓に葬られたとは言えない。隈・西小田遺跡（福岡県筑紫野市）の墳墓のDNA分析▲を参考にすれば、吉武村の各地点の長が葬られたかとみられる。

ただし、吉武の墳墓全体の様相からすると、人と人とのあいだには確かに格差がつく。隈・西小田の丘陵上の各地点の集団間にも、優秀な今山産の石斧を多数もてる集団ともてない集団という形で格差がつき始める。吉武村内部の各地点でも格差はあった。

そして、吉武よりも下位の拠点集落である東入部の居住域は二万㎡と小さく、

▼隈・西小田遺跡の墳墓から出た人骨のDNA分析　隈・西小田遺跡では、この時期に第二地点に列状墓があり、その先の第三地点には銅剣をもつ甕棺も含む区画墓があり、階層差を示す。しかし、第三地点の性別は甕棺四五基のうち男性二三体、女性二体、乳幼児二体で男性に大きくかたよるし、ミトコンドリアDNAのパターン（図31参照）では、第二地点と第三地点の両方に共通する①・②・⑪のほかに、第三地点にしかない⑮・⑯もあるため、第二地点の一部の血縁者たちが、そのまま第三地点に出るのではなく、そのほかの地点の人々も入ることを裏づける。吉武高木の場合も同様であろう。

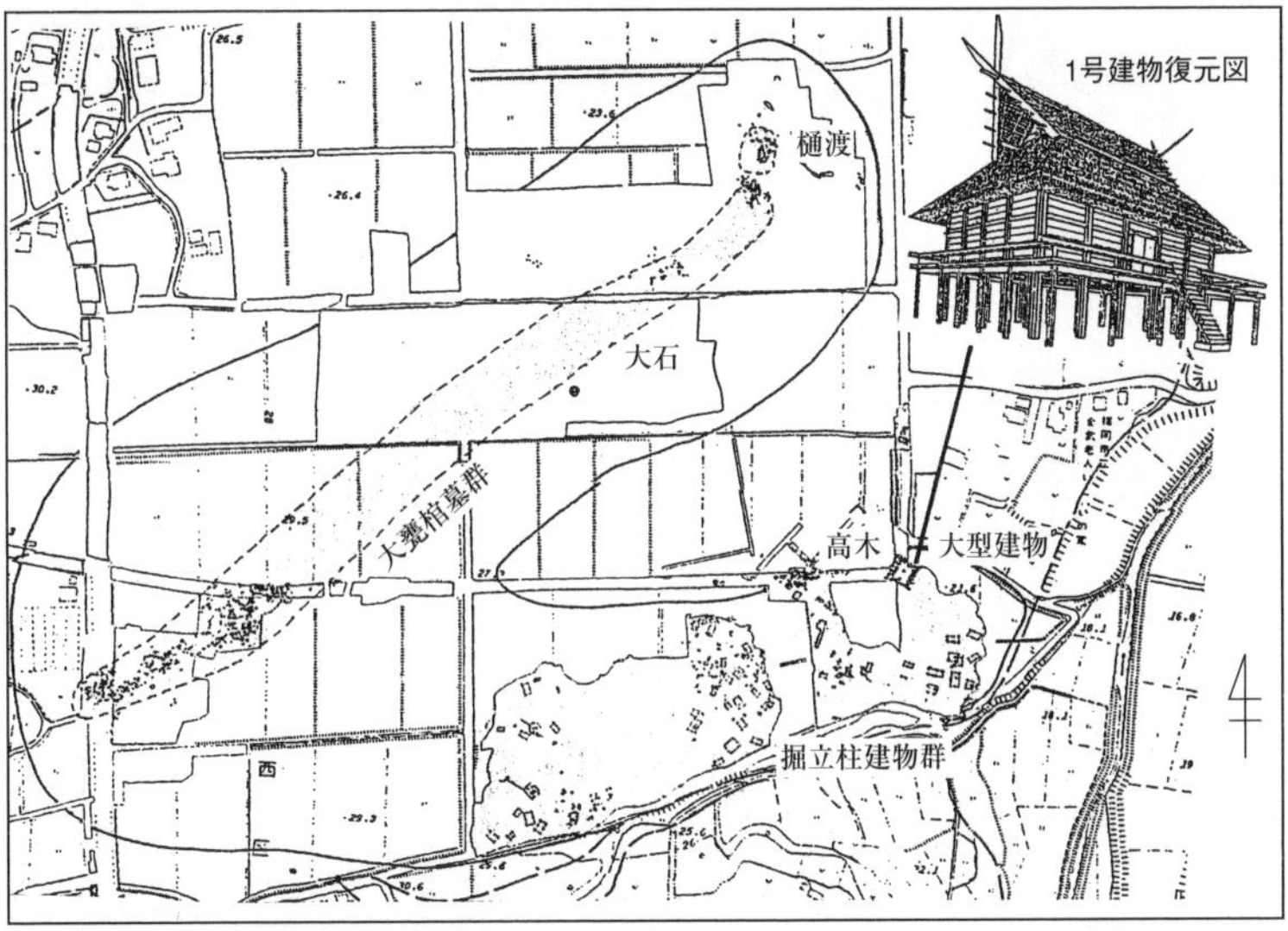

●―図30　吉武遺跡の南半部　前期末〜中期初頭（Ⅰ期末〜Ⅱ期）の吉武の墓地は8カ所で、豊富な青銅器をもつ方形区画墓の高木地区、高木とほぼ同数の青銅器をもつが列状の大墓地群に呑みこまれる大石地区、30〜40基ほどの小群で副葬品ももたずに短期間で終わるその他の墓地の三者がある。高木地区の墓壙は大きく、大石地区の墓壙は小さい。

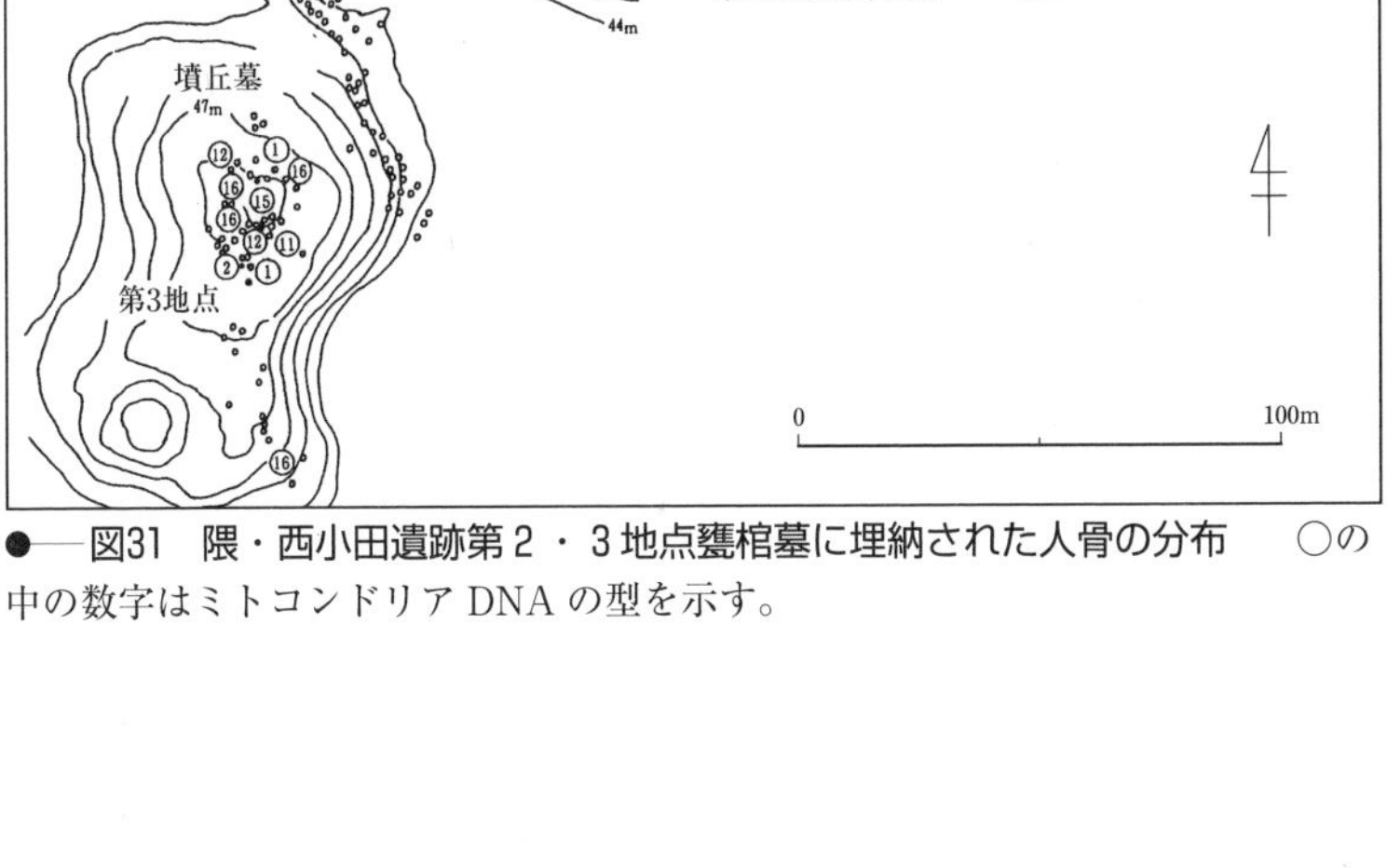

●―図31　隈・西小田遺跡第2・3地点甕棺墓に埋納された人骨の分布　○の中の数字はミトコンドリアDNAの型を示す。

集落を統合する建物も、日常の居住域にあるが、三間×四間で二回建て替えられ、床面積は五〇㎡ほどで、質量ともに吉武の墓前建物に及ばず、青銅器のありかたと同様に、国の中心となる村とその他の村には明らかな格差が認められる。

大きくなる各地の村

前期末〜中期前半には各地で集落が大きくなり、その背景には前代までの人口増加がある。

九州

九州では大形集落だけでなく巨大集落も出現するのが特色である。

吉野ケ里遺跡(佐賀県吉野ケ里町・神埼市)では前期初頭の溝があり、環溝かどうか不明だが、以後、弥生時代の終わりまで一貫して佐賀平野東部の拠点集落である。前期前半には丘陵の南部に約三万㎡を環溝が囲み、前期末までつづく。フイゴの羽口《はぐち》や取瓶《とりべ》らしい土製品もあり、前期末の段階で青銅器を鋳造した可能性もある。環溝の中はまだよくわからないが、前期末には丘陵のあちこちに

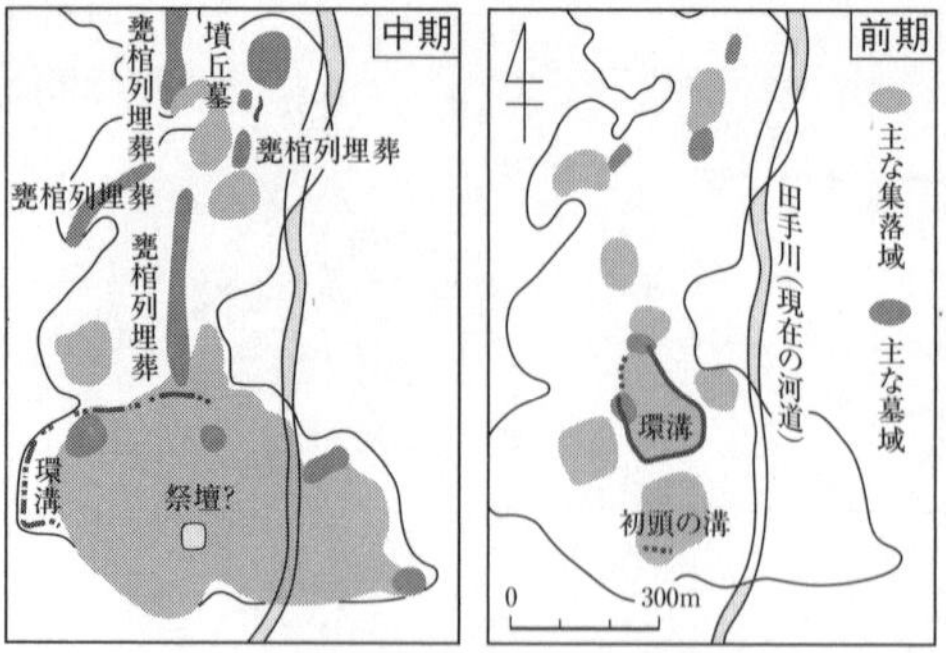

図32 吉野ケ里遺跡

図33　原の辻遺跡

数棟の住居と貯蔵穴の小規模な居住域が広がる。それが中期前半になると、丘陵南側の二〇万㎡ほどを環濠がすっぽり囲む。散在していた居住区がこの中に集まったのだろう。環濠の中では多くの竪穴住居や貯蔵穴が見つかりつつあり、居住域と貯蔵域が分かれていた。丘陵北側の有名な墳丘墓も、こうした居住域の拡大や階層化、国の成立と連動する。青銅器の生産関連遺構も南端にある。この環濠は中期後半まで機能するが、基本的に内部に同時期の墓地はなく、貯蔵穴は中期後半には高床倉庫に変わる。

また原の辻遺跡（長崎県壱岐市）は前期末に台地の先端から居住し始め、中期前半には二条の環濠が台地の裾を楕円形にめぐる。環濠内の面積は約二四万㎡で、内部には東西に走る区画の溝が二条以上走る。環濠の外では水田のアゼも出ていて、この村の支えの一つは確かに農業生産である。しかし、中期から後期の無文土器・楽浪土器・三韓土器、あるいは五銖銭《ごしゅせん》・貨泉《かせん》・大泉五十《たいせんごじゅう》、戦国式銅剣などの中国・朝鮮の文物や、環濠の外の西北側で出た日本最古の船着場などからみて、対外貿易こそ大きな支えであった。まさに「やや田地あり。田を耕せどなお食するに足らず。また南北に市糴《してき》（交易）す」という『魏志』倭人伝

●―図34　船着場の復元模型(原の辻遺跡)

の一支国の記述そのままの村である。

船着場は長さ一〇m、幅八・八〜九mの二本の突堤が幡鉾《はたほこ》川の旧川べりに「コ」の字形につくられ、真中は船が入るドック(船渠)となる。突堤は川床に木材や礫を敷き、その側面に杭を打って横崩れを防ぐ。杭は樹皮で覆って補強し、その上は盛土で土塁をつくり、最後に礫で覆う。盛土の斜面には樹皮を張りつけた部分や、敷葉とみられる植物の堆積層があり、礫の積み方は石垣ではなく、捨て石的に積み上げる。この突堤の東側から二〇mほど南では、両側の斜面を石組で覆った東西方向の通路が出た。石組のあいだは幅が約七mの平坦面で、南側の石組は中央がくぼんで深さ一mの溝状になる。この通路はすぐ西側で北に折れて船着場にとりついて荷揚場になる。したがって全体では一二〇〇㎡弱の港が想定される。

原の辻の墓域は五カ所ほどあるが、いずれも環溝の外にあり、環溝の中は居住空間である。

このほか一《いち》ノ口《くち》遺跡(福岡県小郡市)では、丘陵上を整地して前期後半に竪穴住居二〜五軒が貯蔵穴や土坑と組み合う単位集団五群で構成される村ができる

●—図35　一ノ口遺跡(弥生中期初頭)

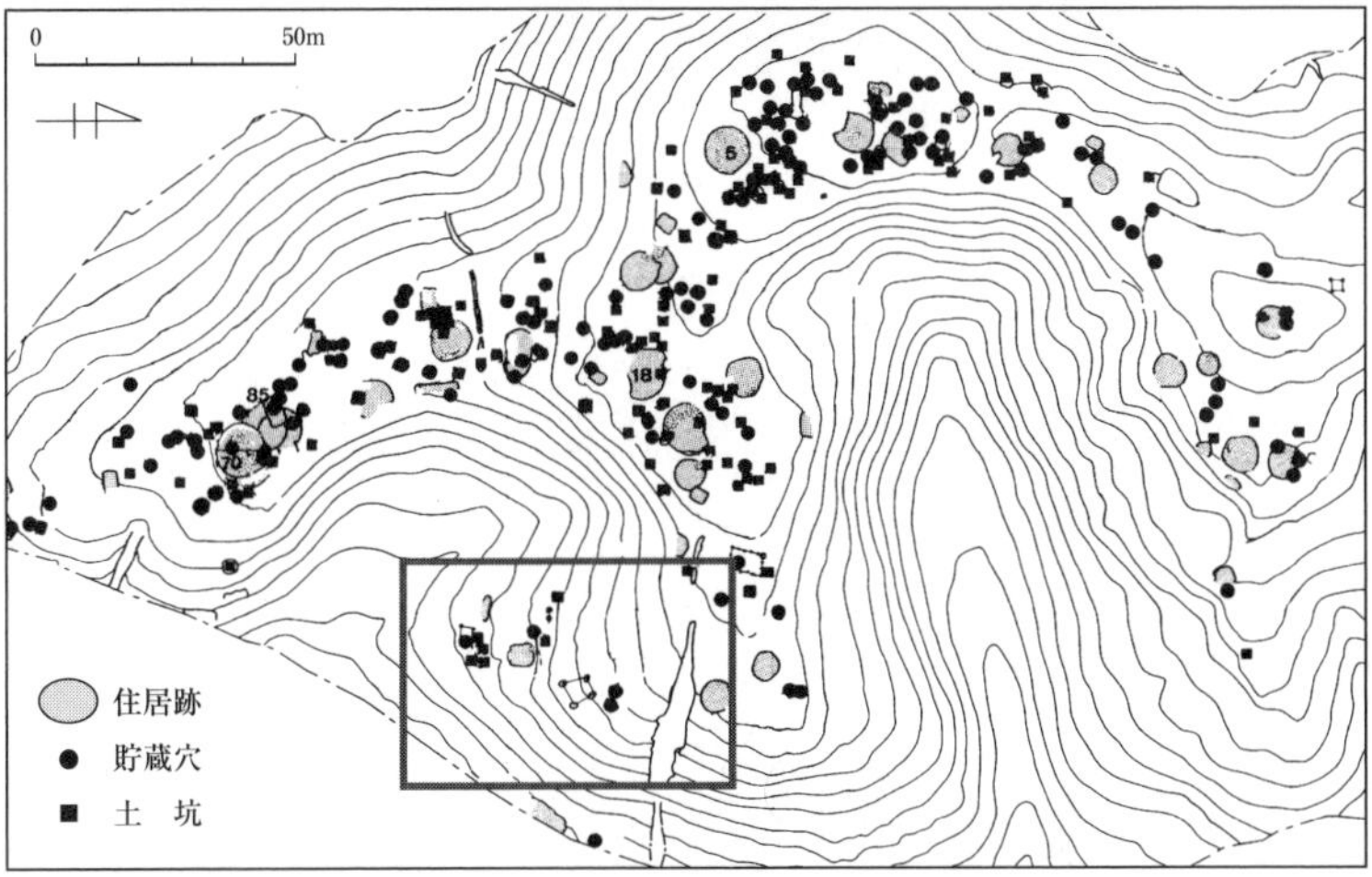

住居跡と貯蔵穴・土坑・建物・道(枠内を下図に拡大)。

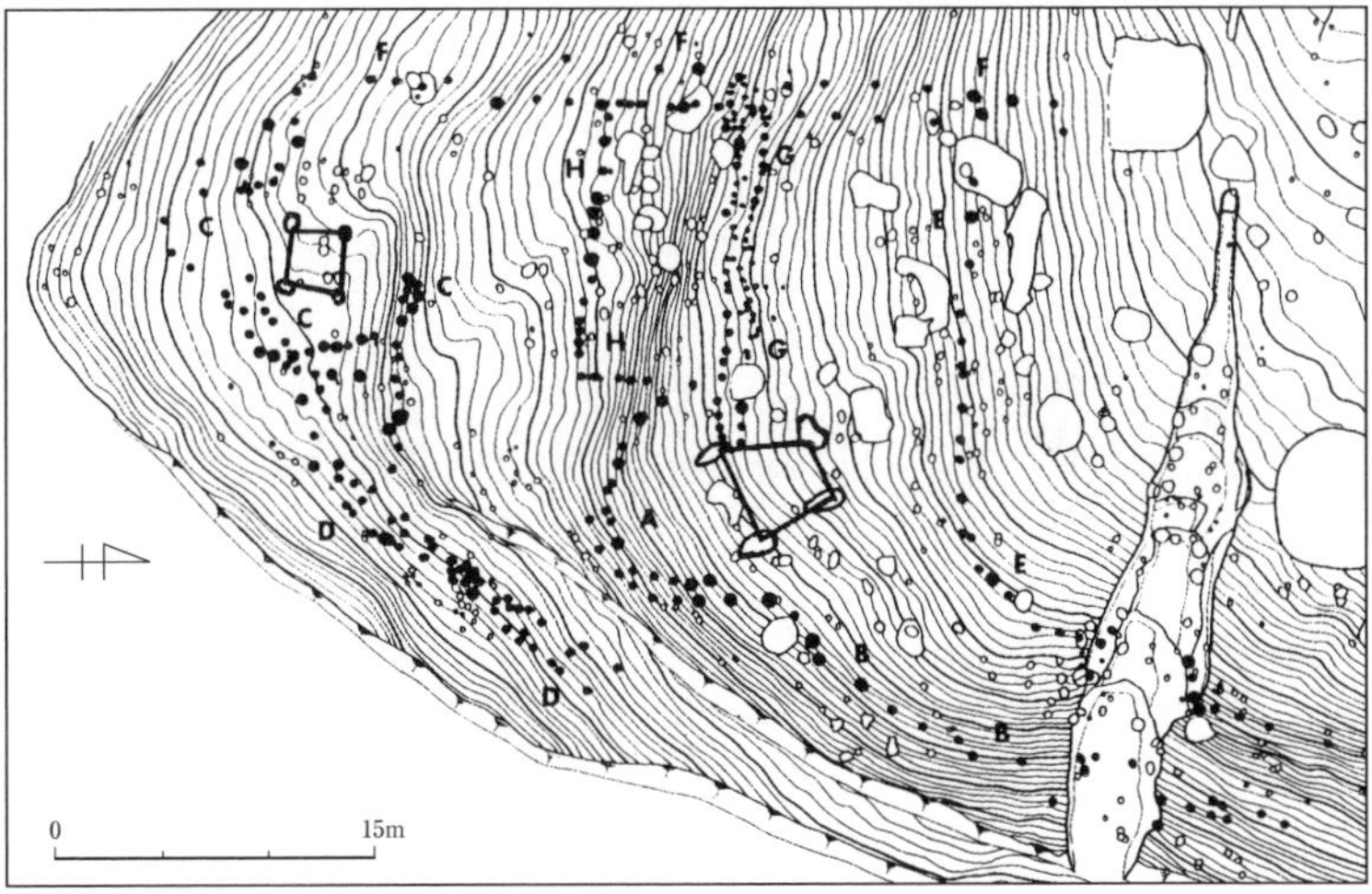

2号道状遺構　南側斜面の柵列状ピット群と物見櫓。

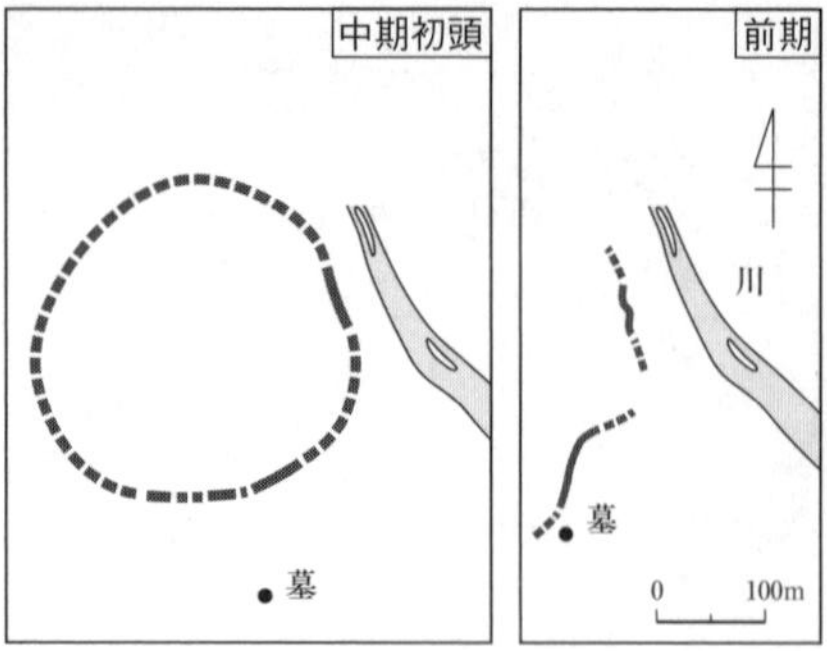

図36　池上曾根遺跡の環溝

が、村全体のクラは別の地点にあるとみられる。ここは狩猟や木材の切り出し、加工作業の比重も高い村で、前期末〜中期初頭には登り道ができ、一番大きな道（二号）がつく斜面には柵をめぐらして全体を区画する。柵列の一部が張り出して、深い柱穴を一間×一間で平面台形に配した三棟の物見櫓《ものみやぐら》は、全員のための見張り所として注目される。単位集団は四群に減るが、各群の住居は五〜六棟になって人口は増える。各群のあいだは小溝で区切られ、これらの群は村の中での基礎的な単位であった。登り道二号の横には村全体を総合する平屋（三間×五間で二四㎡）がたち、これに接する住居群は直径八m以上の大型住居を二棟含んで、鉄鉱石製の把頭飾《はとうしょく》も出ており、この村の中心である。

近畿

近畿では前期後半までは小・中形の集落で、前期末〜中期初頭に大形の集落があらわれる。

池上曾根《いけがみそね》遺跡（大阪府和泉市・泉大津市）は前期中頃に小集団が住み始め、前期後半の大溝が環溝ならば、約三万㎡（南北二五〇m、東西一五〇m）の円形で、外側には環溝に入れない人々もいるが、まだ不明な点が多い。しかし、中期初頭

●図37　唐古・鍵遺跡の環溝

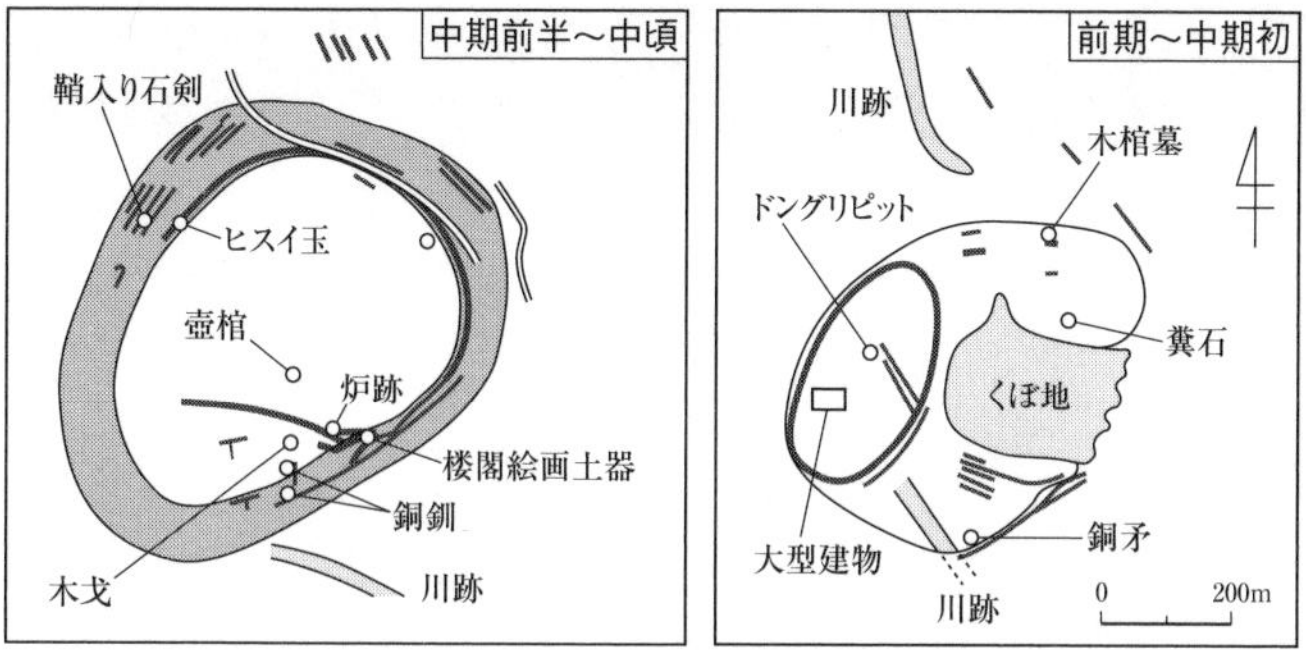

には六・七万㎡（南北二九〇m、東西三〇〇m）の円形環溝を掘り、西側は河川までとしても五・六万㎡を囲んで、墓地を分離する。環溝に堆積した土からは人糞を食べるマルエンマコガネやネズミとみられる動物遺体が出て、使用済みの土器などもしきりに捨てられ、非常に不潔で、トイレの役目も果たしたとされる。

唐古《からこ》・鍵《かぎ》遺跡（奈良県田原本町）は、弥生時代が水稲農業社会であることを初めて立証し、いまにいたる近畿五様式編年がうちたてられた学史に残る遺跡である。ここは北と西と南の三つの微高地からなり、弥生時代の村は一貫してこの三地区を中心に展開する。前期末には西地区に環溝を掘って、三・三万㎡ほどを囲み、残りの二地区にも環溝がめぐる。中期初頭（Ⅱ期）には西地区の環溝のほぼ中央に棟持柱のある大型の高床建物（総柱で東西七m、南北一一・四m以上、面積八〇㎡以上）がたち、村をまとめる。そして大型建物が中期前半に廃絶したのち、中期前半〜中頃（Ⅲ期）には三つの環溝を解消して、ややイビツな円形環溝（幅七〜一〇m、深さ一・五〜二m）が三地区を取り込み、東西、南北ともに四〇〇m（一五万㎡）ほどを囲む。ここの特色は、この大環溝が古墳前期の廃絶期まで維持され、居住区の範囲を変えずに内外を区画する点にある。内部構造はまだ不明な部分が多いが、三地区がやはり核になる。竪穴住居や建物、井戸、大小の区画溝や木器生産に関わる施設があり、竪穴住居の地区と建物の地区は区画溝でわけられ、場の使いわけが明瞭になる。

平等坊岩室遺跡《びょうどうぼういわむろ》(奈良県天理市)でも、南側の前期の小集団が大きくなるとともに、まわりの小集団を呑み込む形で、直径二〇〇〜三〇〇mの環溝をめぐらして同心円状に拡大していく。

このように通観すると、この時期には六万㎡を越える大形の環溝集落が近畿地域でも成立し、青銅武器の副葬こそないが、国の形成が始まったといえる。こうした大規模集落・拠点集落を、「径一〇〇〜二〇〇mの範囲に居住域と墓域が組み合う基礎集団がいくつか近接したもので、周辺集落はその組み合わせの粗分布地域」とする論もあるが、周辺集落は基礎集団よりも小さいし、唐古・鍵や池上曾根で基礎集団をいくつか含んでも、墓域は環溝の中にはなく、「居住域と墓域が組み合う基礎集団」は解体している。

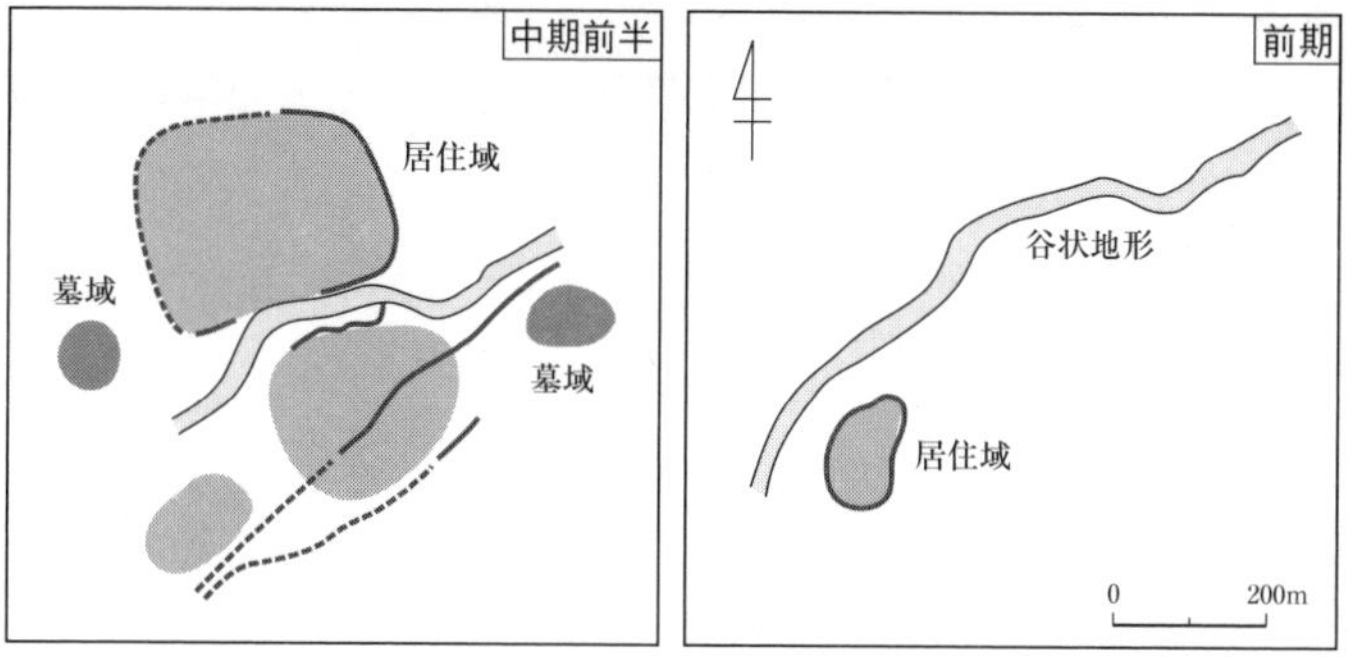

図38　朝日遺跡の環溝

東海

東海最大の拠点集落である愛知県朝日遺跡(清須市など)では、前期に直径二〇〇mほどの環溝がめぐる。中期前半にはその北東(北区域)に五万~七万㎡ほどの居住域を囲む隅丸方形状の環溝があらわれ、さらに南側にも六万㎡ほどの居住域(南区域)ができ、全体で一〇万㎡を越す大集落となる。南区域は溝でいくつかの居住区にわかれるが、全体を囲む環溝はなく、北区域が優位に立つ。また北区域には東へ向かう道路(側溝をもつ)がつく。

関東

この時期には関東にも本格的な農村があらわれる。中里《なかざと》遺跡(神奈川県小田原市)は河道によって居住域六万㎡を区画した大形の集落で、須和田《すわだ》式期の竪穴住居八七軒や建物五二棟、井戸五基、土坑五〇基ほどが知られ、墓域(方形周溝墓群)は居住域の南側にある。建物は住居と接して調査区の全域に分布するが、数棟が重なったり群をなす傾向があり、主体は一間×二~三間、二間×二~三間で、桁行の柱間が短く小型の建物が多い。調査区の中央には二間×七間(四六㎡)で、独立棟持柱の大型平屋建物があり、最大の竪穴住居も北に隣接し

●—図39　中里遺跡

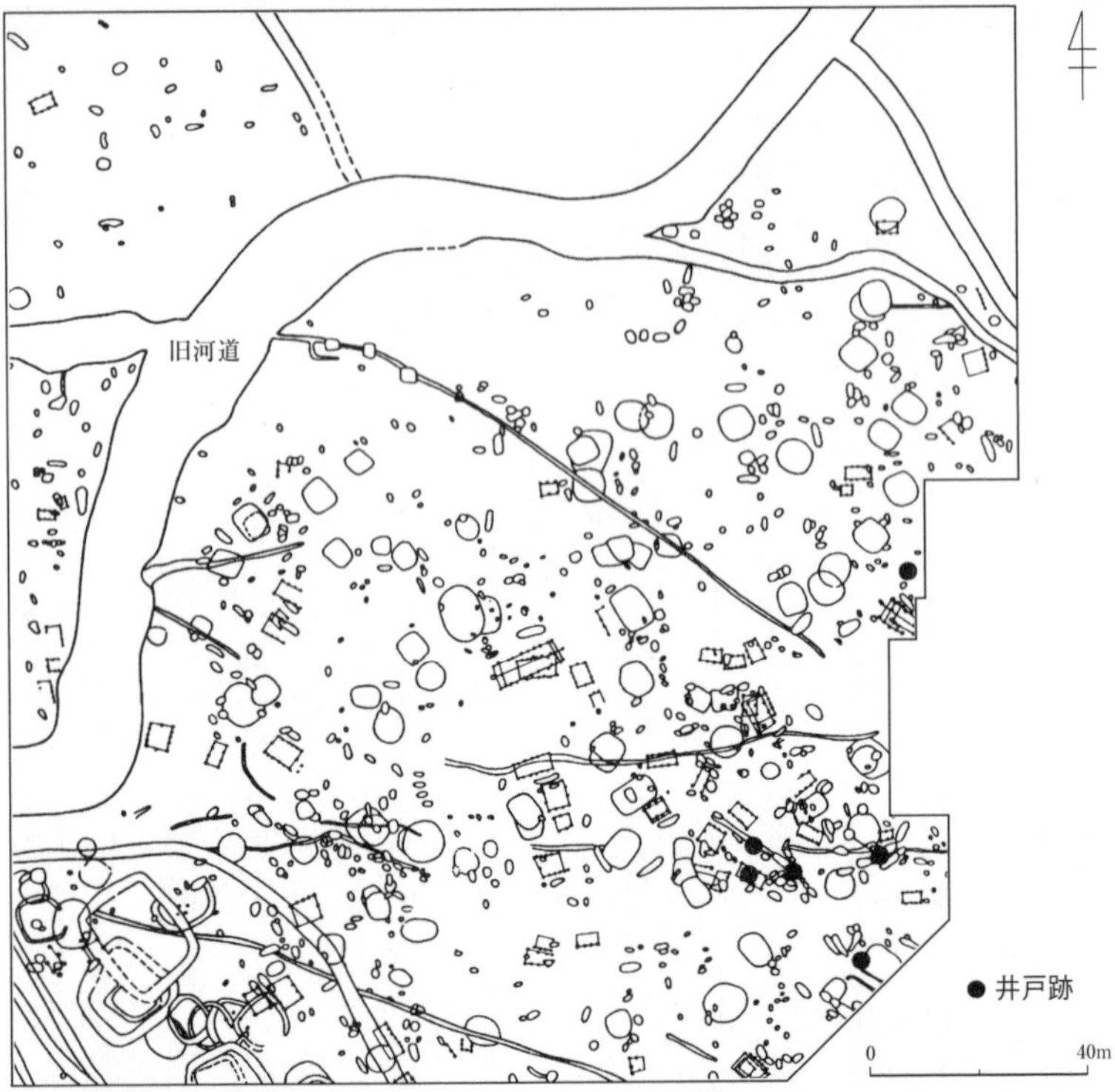

第1地点遺構配置

大型掘立柱建物跡

井戸跡

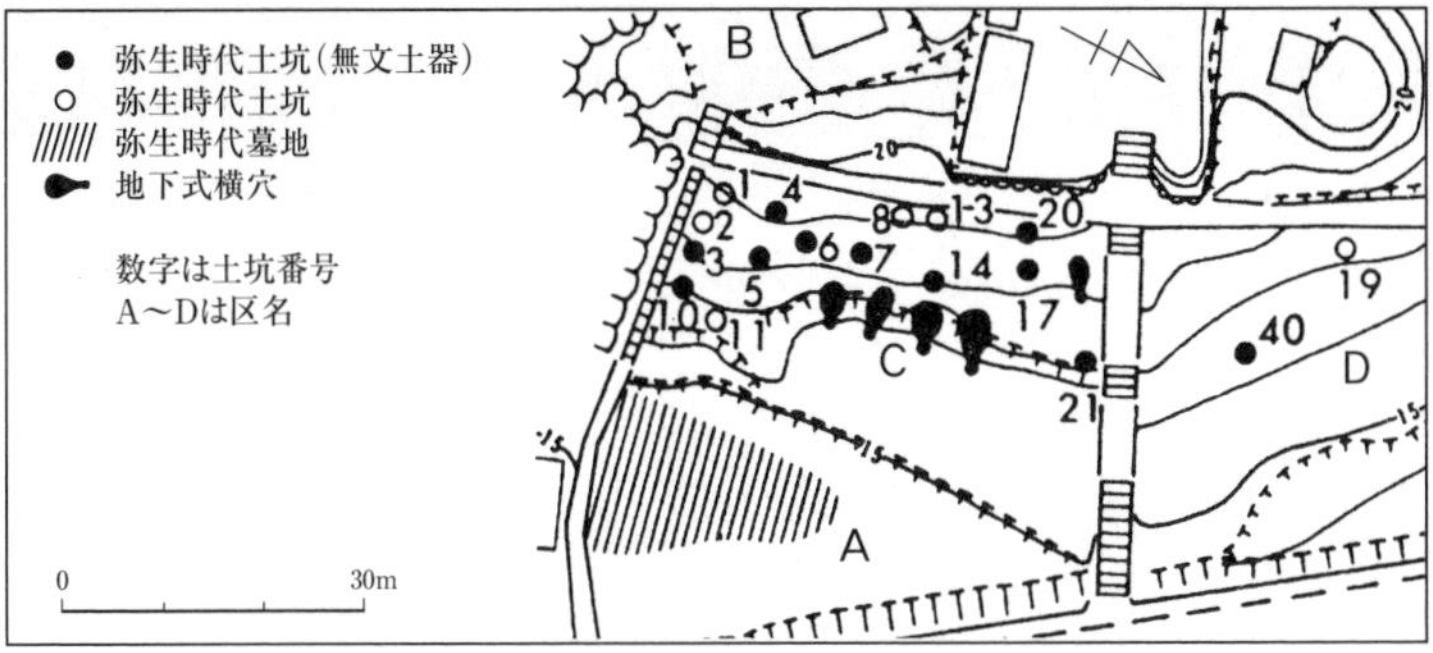

図40 諸岡遺跡

て南側は少し空白になる。中里をまとめ運営するさまざまな活動はこの建物を中心になされたであろう。井戸も中心部にある。ここではかなりの量の摂津系土器が出て、水田用の木製農耕具や大陸系の伐採斧や加工斧もあり、井戸や独立棟持柱の大型建物など、集落の構成も西日本的なため、近畿系の人々が大量に移動して拓《ひら》かれた村だという。

在来の人々がどう対応し、この村にどのくらい居住したのかも注目される。

渡来人達が住む村

この時期のもう一つの特色に、朝鮮の渡来人が集団で住む村がある。もちろん北部九州でもきわめて限られ、その居住地も村の中の一角だが、朝鮮系の後期無文土器やその系譜の土器が多量に出るという、際立った特徴をもつ。

こうした村は、一九七四年度の諸岡《もろおか》遺跡(福岡市)の発掘ではじめて明らかになった。ここは板付の南西〇・六kmの独立丘陵上にあり、口のところに断面円形の粘土紐を貼り付けた甕(粘土帯甕)を指標とする後期前半(水石里《スソンニ》式)の無文土器が、前期末の土坑一八基のうち一二基から弥生土器とともに多量に出た。通常の弥生村では無文土器は出たとしても数点程度で、圧倒的多数の弥生土器の中に少量みられるのに比べ、ここでは無文土器が主体▲で器種もそろい、しかも日常生活での煮炊き用の甕が多数を占めるから、無文土器人の居住地区としてよい。

　これらの土坑は南北六〇m、東西一五mの範囲にあり、未調査の西側と、すでに削られた南側に少しは広がろうが、全掘してもその様相は変わるまい。この地区の特色は、①弥生人の生活地とは異なる土地を占め、②焼土が出た土坑(6・14b・40号)があって、人間が居住する点である。ただし、土器の時期は単一で石器もほとんど出ないから、長期にわたる生活ではなく、一時的な仮住まいであろう。重要なのは、擬無文土器▲がまったく見られない点である。これは、彼らが弥生人と近接し交流はもちながらも同化せずに、一定の距離を置いて生活したか、あるいは長く定住する際の最初期で終わった、のどちらかであろう。こうしたありかたを諸岡型と呼ぶと、このタイプには他に、福岡県小郡市三国《みくに》丘陵の遺跡群(横隈鍋倉《よこぐまなべくら》地区、三国《みくに》の鼻《はな》地区など)がある。

　いっぽう土生《はぶ》遺跡(佐賀県小城市)ではこれと異なり、前期末~中期前半の弥

▼諸岡遺跡の無文土器の器種と量
甕が四七~五一点、壺三点、鉢一~二点、高杯《たかつき》一点、蓋一~二点で、これに対して同時期の弥生土器は三〇個体ほどである。

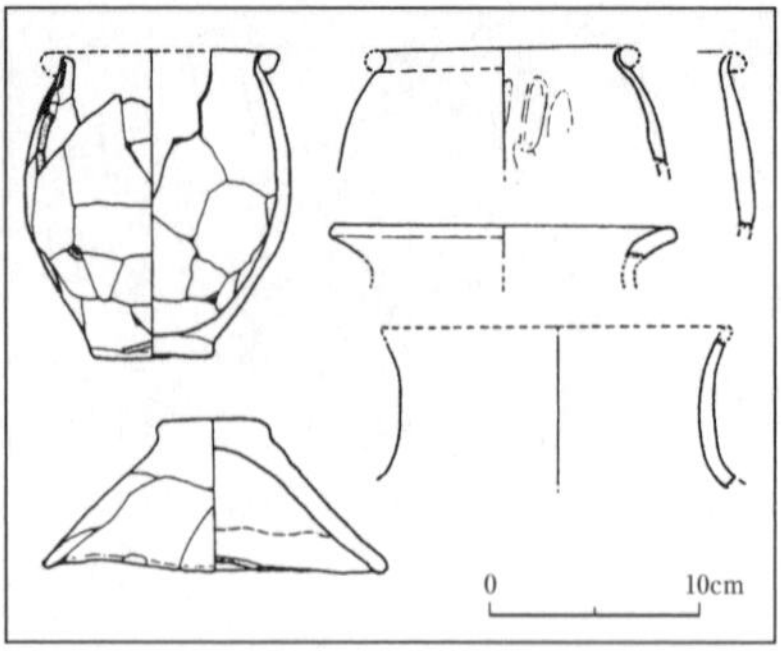

●—図41　諸岡遺跡の無文土器(40号土坑出土)

▼擬無文土器　弥生土器の要素が入るなどして変容し、無文土器そのものではなくなった無文土器系の土器。

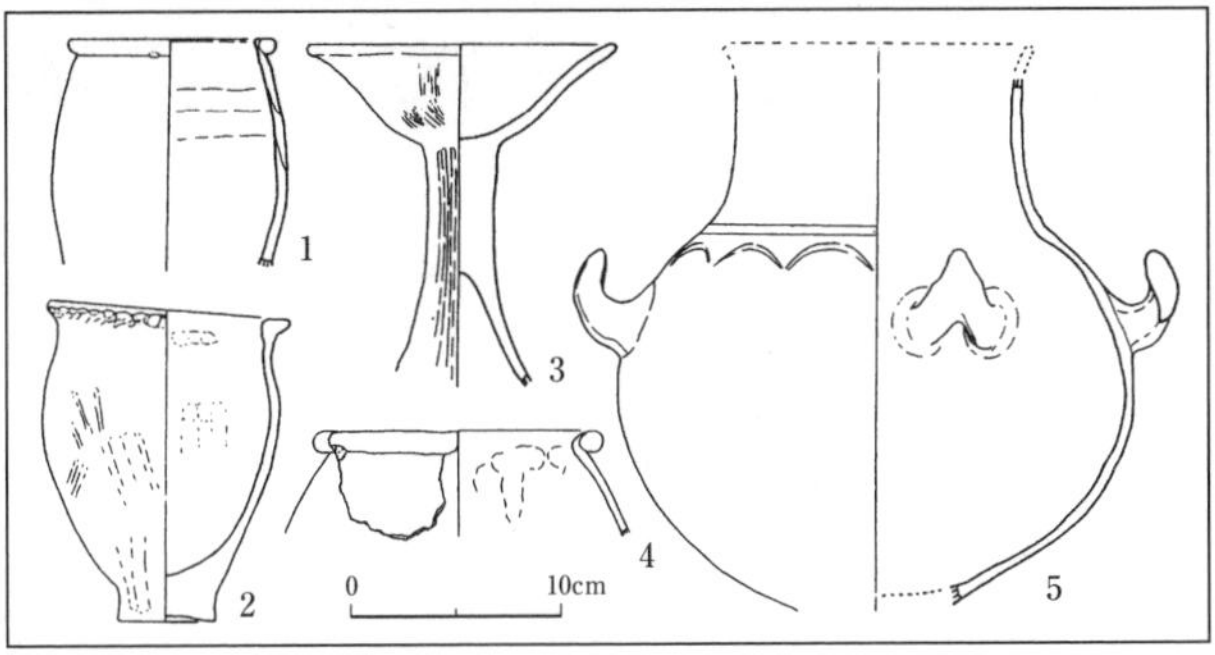

●図42　土生遺跡の無文土器(4)と擬無文土器(1～3、5)

生土器とともに、少量の無文土器と多くの擬無文土器が出た。これらの土器は、主要な器種がそろって特に甕が多く、前期末～中期初頭の古段階と、中期初頭～前半の新段階にわかれる。古段階では無文土器の特徴がまだよく残るが、新段階では弥生土器の要素がかなり入り、なかには無文土器の要素はわずかなものもある。これは、無文土器人の集団がこの地に長く居住し、地域社会に深く入り込みながら同化していく過程をあらわす。こうしたありかたを土生型と呼ぶと、ほかには原の辻や、護藤《ごんどう》遺跡(熊本市)が相当する。諸岡型が長期居住した場合である。

とくに原の辻では後期前半だけでなく、めずらしく断面三角形の粘土帯甕を指標とする後期後半(勒島《ヌクト》式)の擬無文土器もある。しかもこれら無文土器や擬無文土器は、環溝の外側、台地北西側の縁辺部(幡鉾川の旧河道など)に集中する。付近には先述の港もあるから、これら無文土器と併行する弥生前期末～中期後半には無文土器人が継続的に居住して、港の建設を指導し、国の交易にも参画したであろう。ほかの地域の無文土器人集団も、こうした役割を担った可能性が高い。

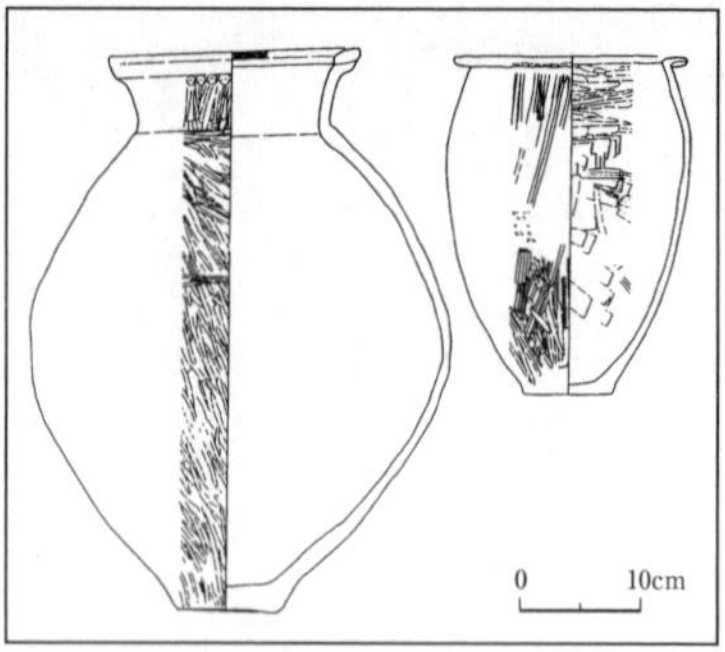

●―図43　勒島遺跡の擬弥生土器

このほか、玄界灘沿岸部には水石里式系の無文土器が少量ながら点々と分布し、漁民の往来や小規模な交易を示すとみられる。

対岸の韓国慶尚南道では、九州の弥生前期末〜中期初頭の甕棺が海を渡って金海貝塚まで持ち込まれ、弥生中期初頭〜前半には、勒島遺跡や萊城《ネソン》遺跡のように弥生人の集団的居住を示す遺跡がある。勒島の弥生系土器は全体の土器の量が多いため比率は一〇パーセントにも満たないが、弥生土器のほかに変容した擬弥生土器もある。また、萊城は発掘面積が少ないためか弥生系土器のほうが圧倒的に多い。弥生社会の中で生成した国は、みずからの要求にもとづいて交易集団を派遣し、また、無文土器社会の交易集団を受け入れるまでになったのである。

また、こうした無文土器集団の居住との関連では、金属器関係の技術導入を考えがちだが、無文土器人一世の遺跡である諸岡や三国丘陵では、それらの集団にかかわる炉や滓・鋳型・フイゴの羽口などはなく、これらの無文土器人達が前期末頃に金属器をつくったとは言えない。

いっぽう、土生や吉野ケ里、佐賀市鍋島本村《なべしまほんそん》遺跡などでは、前期末から一時期おいた中期前半の擬無文土器とともに、青銅器の鋳型が出る。朝鮮では青銅器の製作工人はきわめて限られ、ほとんどの無文土器人は青銅器をつくれなかった▲から、無文土器人が居住してもすぐには青銅器を鋳造できない。国の中の有力集団が、無文土器人の定着で朝鮮との交流回路を確保し、青銅器工人を確保してはじめて鋳造できたといえよう。無文土器人系の青銅器工人集団もおそらく拠点集落に再配置されたとみられ、吉野ケ里のこの時期の青銅器工房はその良い例である。

▼**朝鮮の青銅器工人**　これまでたくさん行なわれた朝鮮の発掘では無文土器後期の鋳型はまだ出ていないから、青銅器工人は限られた村の限られた人々であったとみられる。

●——図44　「漢の倭の奴の国王」金印　一辺を後漢初期の一寸(約二・三五㎝)につくり、「漢委奴國王」の五文字を薬研彫で三行に刻む。鈕は蛇がとぐろをまき、頭には目を二つ刻んで、身はウロコを魚子《ななこ》文であらわす。『後漢書』倭伝の「建武中元二(五七)年、倭の奴国奉賀朝貢す。使人自ら大夫と称す、倭国の極南界也、光武賜うに印綬をもってす」の記事の印にあたる。

③——国々の連合と巨大な村

奴国王と伊都国王

弥生時代は中期前半と後半のあいだに大きな画期があり、この画期を境に様相はかなり変わる。たとえば北部九州では中期後半以後に王墓があらわれ、首長層の副葬品の主体は朝鮮系から、前漢鏡や後漢鏡、ガラス璧、素《そ》環頭《かんとう》大刀《たち》などの中国系に変わる。

弥生時代に当時の中国の皇帝から認められた王がいたことを示すなによりの証拠は、いま福岡市博物館に鎮座する国宝「漢の倭の奴の国王」金印である。これをもらった後期前半の奴国王(金印奴国王と呼んでおく)の墓は未発見だが、この王よりも半世紀以上前の、中期後半の奴国と伊都国の王の墓が、福岡県の須《す》玖《ぐ》遺跡岡本《おかもと》地区(春日市)D地点の甕棺墓と三雲《みくも》・井原《いわら》遺跡南小路《みなみしょうじ》地区(糸島市)の二基の甕棺墓である。これらは、三〇面前後の中国の前漢鏡や天のシンボルである璧(ガラス製)をはじめ、多くの副葬品を一人でもつ。

とくに三雲南小路一号の金銅製四葉座金具▲は、漢の皇帝が伊都国の首長に下賜したもので、三雲南小路の二基の墓の主は東夷の王と認められていた。

しかも三雲南小路のこの二基は溝で囲んだ方形の墓域▲をもつ。同時期の他の主体部はなく、周溝からは中期後半〜後期前半の祭祀土器が出る。この二基の甕棺の主は、ほかの死者を自分の墓域に寄せつけず、のちのちまで伝え祀られるだけの権力ももつ王であった。

須玖岡本D地点の王墓▲も墳丘墓で、やはり方形の墓域をもつとみられる。この王墓の周囲にも甕棺はなく、三雲南小路と同様な権力をもつ。ここでは中期後半の時期に、丘陵の中央部に王墓、その西北に方形の墳丘墓（二五×二〇m前後で主体部を二〇基ほどもつ）があり、さらに甕棺墓が取り囲む。これは『後漢書』東夷伝にみられる奴国王―大夫―一般民衆という階層構造と同じで、この構造は中期後半までさかのぼる。とくに王墓の西北の墳丘墓は、前漢鏡や青銅武器をまったくもたず、王墓との格差は著しい。

ツクシ政権

いっぽう周辺諸国でも墓域の中央の大きな甕棺に葬られた王（キミ）の墓がみ

▼**金銅製四葉座金具**　木の葉の形を四方に配して中央を半球形に盛りあげた青銅器に金メッキした木棺の飾り金具。伊都国王が楽浪郡に使いを送って漢の外臣となり、ほかの中国製品とともに下賜された葬具であるという。

▼**三雲南小路の方形の墓域**　溝の中は東西三二m、南北三一m以上で、墳丘もあったらしい。

▼**須玖岡本D地点の王墓**　王墓は本来はD地点よりやや南西にあった。掘り出される前の本来の位置には標石となる大石があり、その大石の下は一般の地面より一尺近く高かったという。周囲の道路の曲がり具合からは方二〇mを越える墓域が考えられる。

▼立岩堀田の王墓　10号甕棺に中型鏡六面と中細形銅矛一点が集中し、10号の周囲の甕棺にも前漢鏡一面の副葬が四基ある。

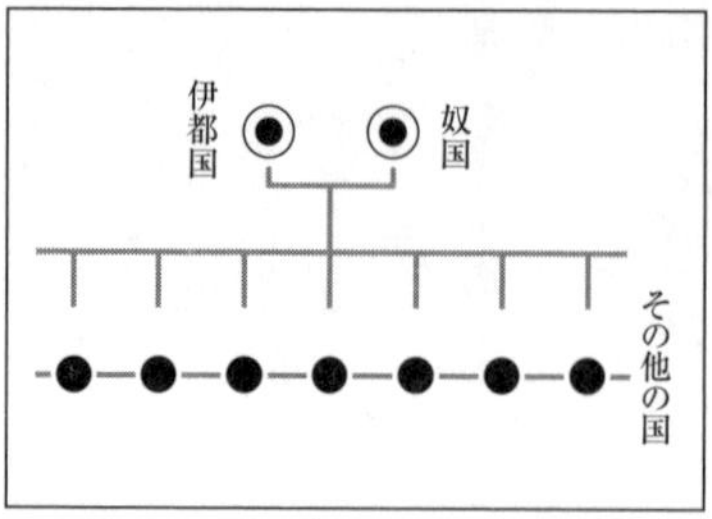

●図45　北部九州諸国の構造（弥生中期後半）

られるが、ほかの人々も同じ墓域に葬られ、前漢鏡は一〜二面で奴国や伊都国の王墓の様相にはいたらない。その中では立岩堀田遺跡（福岡県飯塚市）が、須玖岡本の墓地構成に近づくが▲、大型鏡を欠き、前漢鏡の集中度も及ばない。しかも、三雲南小路1号と立岩35号は、同じ型でつくった前漢鏡を共有し、東小田峯遺跡（福岡県筑前町）2号墳丘墓の10号甕棺からは、三雲南小路1号や須玖岡本Dの緑色の穀粒文ガラス壁の一部を加工した小円板が出た。したがってこれらは伊都国や奴国の王が供給したものである。

この時期には北部九州の国々のまとまり（ツクシ政権）が強化され、しかも内部の国と国とのあいだの関係は対等ではなく、伊都国と奴国が頂点に立って、中国・朝鮮の文物を独占的に入手し周辺諸国に配布した。伊都国や奴国の地位の大きな支えは、農業生産力の順調な増大よりも、石器や青銅器・鉄器の生産と流通を制し、中国・朝鮮との外交権を掌握して交易品を大量に入手・配布する点にあったといえる。

ツクシ政権は、前漢鏡がみられる大型成人甕棺墓地帯が主体をなしており、須玖岡本Dや三雲南小路は単なる奴国や伊都国の王ではなく、王の中の王であ

▼後期の伊都国王　西嶋定生氏は、「倭国」が出現するのはこの記事が示す二世紀初頭で、しかもこの倭国の首長は伊都国王とする。西嶋定生『倭国の出現』(東京大学出版会)一九九九年。

●—図46　北部九州における特定個人墓の出現過程

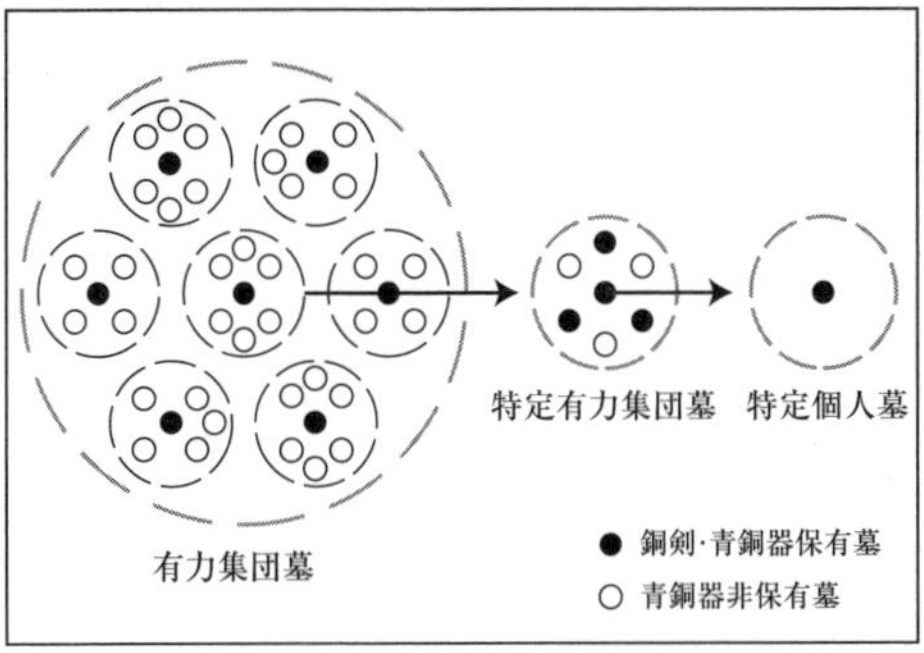

った。

伊都国では、後期になっても井原ヤリミゾや平原1号墓など、中国鏡を大量に副葬する王墓が終末期まで続く。須玖岡本でも後期前半の墓の副葬品とみられる中国鏡が出ていて、一世紀中頃の金印奴国王もこの地に眠っている。

『後漢書』倭伝は「安帝の永初元(一〇七)年、倭国王帥升等、生口百六十人を献じ、請見を願う」と記す。帥升等の等は、帥升が傘下の国々の王とともに朝貢したためで、帥升は伊都国王とみられる。▲王墓のありかたからも、一世紀をすぎるとツクシ政権の盟主は伊都国になった。

地域の首長層の墓

須玖岡本Dの王墓は集団墓地の一角の個人墓だが、伊都国の王墓は集団墓地を完全に飛び出して別の地区に少人数の墓地を設ける。こうした集団墓からの離脱現象は全国的な傾向で、山陰の四隅突出墓も初現期の有力な人々の墓から個人墓へと展開する。岡山県内でも集団墓の中の台状墓から楯築遺跡(倉敷市)の巨大な双方中円形墳丘をもつ個人墓があらわれる。中国鏡や璧は持たないが、私はこうした個人墓もそれぞれの地域の王墓と考えている。関東地方では中期後半に、集団墓とは別個に首長の大形方形周溝墓が集落の中にできるが、集団墓からの成長段階が省略されたいわば未熟児で、後期になってその間を埋める特定の有力集団墓があらわれ、個人墓も安定する。

また、中期後半〜後期の全国の首長層墓は、墳丘の外形、棺の種類や形、副葬品、供献用の土器などがそれぞれの地域内では共通しながらも、他の地域とは異なる。

たとえば四隅突出墓は主に山陰地域に分布し、一部は富山県にまで及ぶ。吉備では特殊壺・特殊器台が埋葬儀礼用の土器として大型化し、双方中円(方)形の墳丘墓をもつ。近畿では方形の墓が主流だが、突出部をもつ例もある。東海から関東では、中期の四隅が切れる方形周溝墓から、後期には四隅の一〜二カ所が切れるようになり、中央部が切れて前方後方形に近い墓もある。

各地の地域色豊かな首長層墓の生成と、それぞれの地域内での広がりは、国々の連合体が日本列島のいくつかの地域に存在したことを示す▲。

▼**各地の地域政権**　こうした各地の広域政治社会は、イヅモ政権、キビ政権、ヤマト政権などとも呼ばれ、吉田晶氏は「令制的規模」の地域的結合体とする。吉田晶『卑弥呼の時代』(新日本新書)一九九五年。

▼対馬の青銅祭器　中広形と広形の銅矛がほとんどで一三〇点を越え、ほかには中広形銅戈一点だけである。

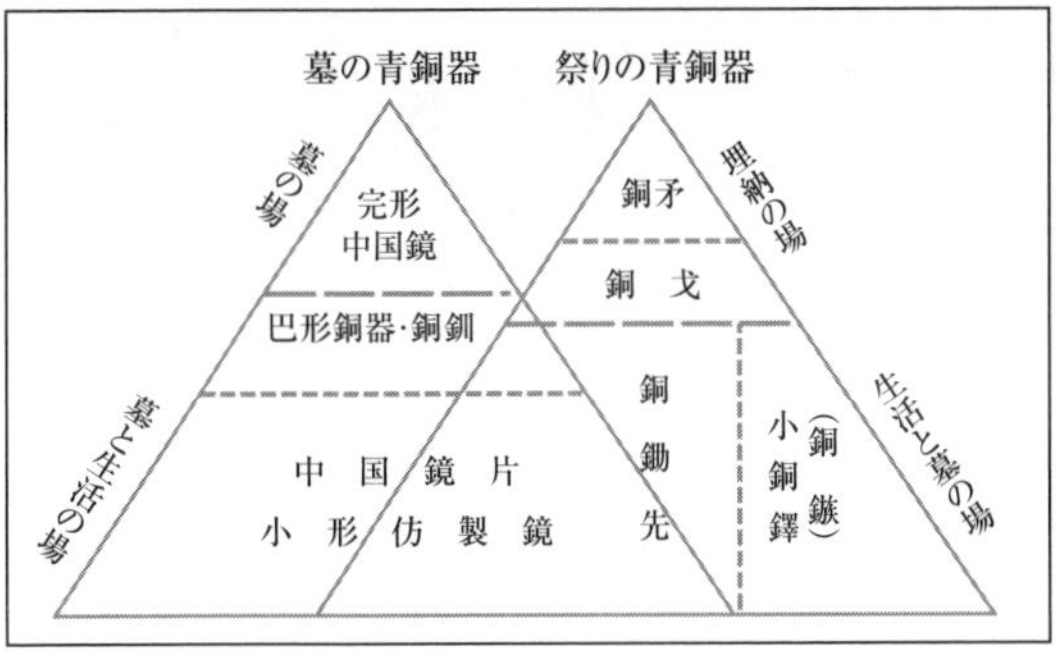

●—図47　墓の青銅器と祭りの青銅器の体系(弥生後期)

青銅祭器

青銅祭器もまた地域政権の実在を示す。朝鮮系の小銅鐸や細形の青銅武器から中期(Ⅲ〜Ⅳ期)に大形化する青銅祭器は、石や木・土などの価値の劣る材質でつくった日常生活用の祭器とは異なり、特別な扱いを受ける。そのため廃棄された破片を除けば生活遺構からは出ず、墳丘墓とも無縁で、多くは人里離れた場所に埋納される。そして(伝)香川県出土銅鐸などの農業を讃える絵画からわかるように、銅鐸には五穀豊穣、とくに弥生人なら誰でも願うコメの豊作への祈りが込められた。したがって銅鐸は基本的に家(日常生活)の祭りよりも上位の集団の非日常的な祭りに使われ、それを持つ集団全員の祭器である。これは銅鐸と同じように埋納される他の青銅祭器にもあてはまる。

しかもこれらの祭器は村や国の農業の祭りだけでなく、国々の連合体の重要な祭りにも使われた。銅矛主体の対馬の青銅祭器▲はそれを証明する。武器形の青銅祭器には銅矛—銅戈—銅剣という序列があり、銅矛は北部九州最高の祭器であった。ところが対馬の人々はほとんど農業をせず、もっぱら海の生業、それも海上交易活動に従事した。したがって対馬の銅矛は農業の祭りではなく、

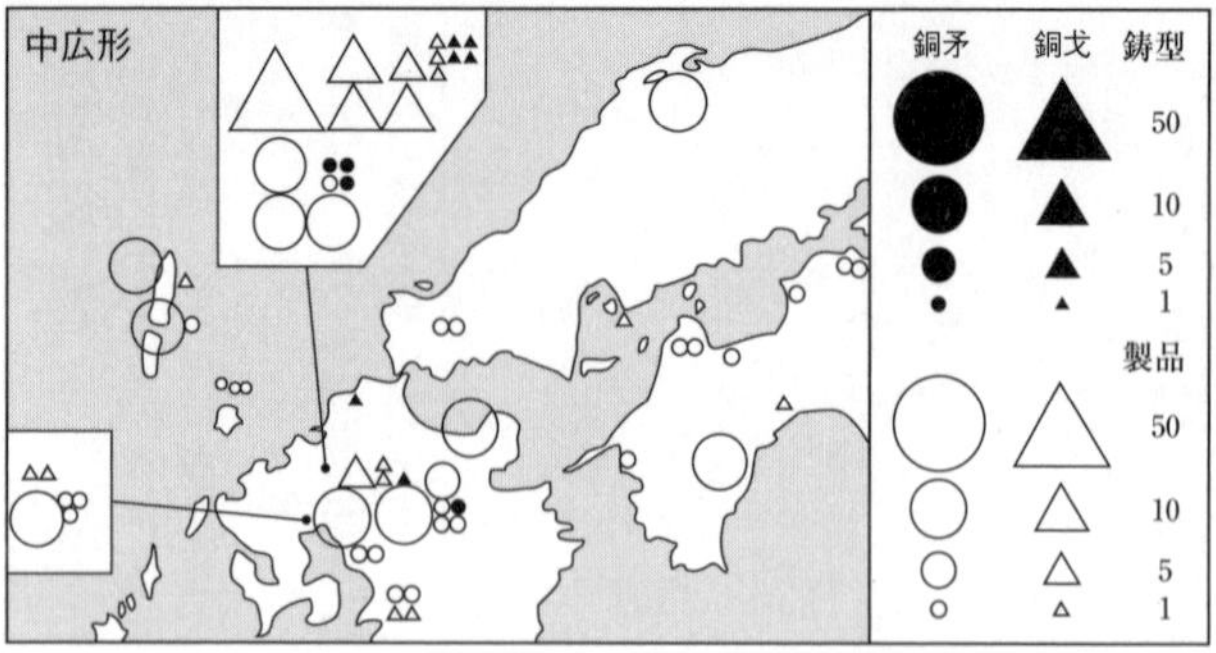

▼壱岐の銅矛　中細形一点と中広形四点がある。

図48　銅矛・銅戈の分布

航海安全の祭りに用いられた。もちろん対馬国の内部の祭りもあるが、それだけでは北部九州最高の祭器が対馬に異常に集中する謎は解けない。

なぜなら、同じように海上交易活動をした壱岐では、これまでわずか五点しか銅矛は出ていない。しかも対馬では九州本土と同様に、銅矛だけを十数点まとめて、切先をそろえたり互い違いにして埋納した例もある。これらの事実からみて、対馬の銅矛の祭りには、対馬国の人々だけでなく、少なくとも一支国から末盧国、伊都国を経て銅矛の主要生産地である奴国までの諸国が、玄界灘に浮かぶ倭と韓の国境の島で、「朝鮮や中国に出発する使節が無事に航海を終え、よきコトとモノをもたらすように」と祈願した祭りもあった。そうでなければこれだけの銅矛が対馬に集中するはずがない。青銅祭器は後期になると国や国々の重要な行動の予祝や、危機を克服するための祭りに多く使われた。

全国の青銅祭器をみると、はじめはいくつかの器種が組み合うが、やがて一つの器種を用いる。そして、各地の青銅器体系で最高の祭器はそれぞれ異なり、埋納方式も加味するといくつかの分布圏が設定できる。九州では銅矛、近畿から東海は銅鐸である。中国・四国には銅鐸や銅矛もあるが、山陰では中細形銅

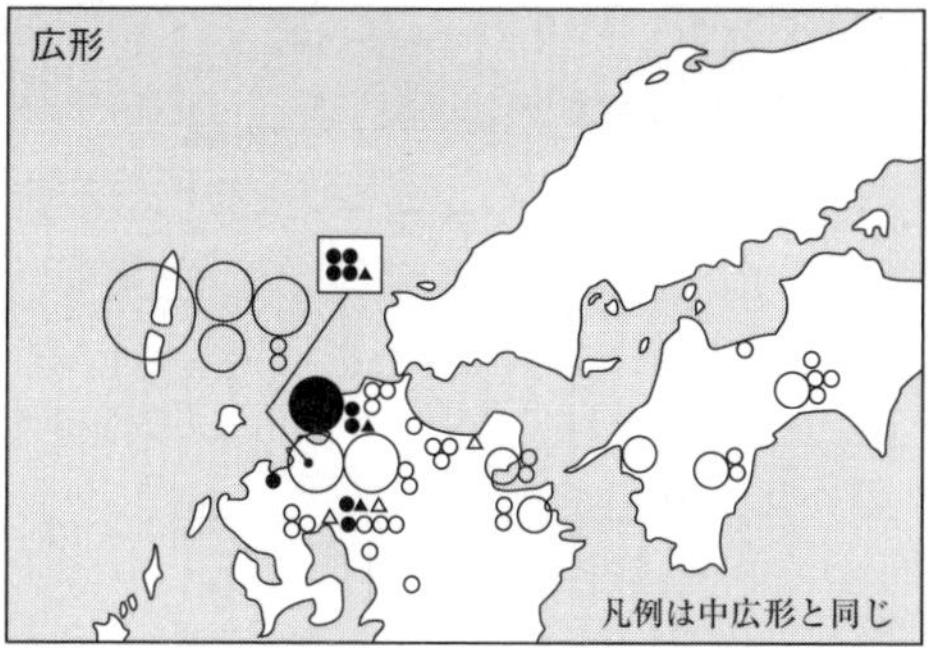

剣C類、瀬戸内海沿岸では平形銅剣が首座を占める。山陽・四国の銅矛は、北部九州と埋納方式が異なって別の分布圏に属する。銅鐸もV期には近畿の近畿式銅鐸と、東海の三遠式銅鐸が別個の分布圏をつくる。

対馬の銅矛からすれば、これらの分布圏は広域政治圏のあらわれで、しかも全国各地の個性豊かな弥生首長層の墓の分布と重なる。首長層は各地域内でそれぞれ連合して、右の手では自己の権力を誇示する墳丘墓・区画墓をつくり、左の手では青銅祭器を一般民衆に示して権力の不安定さを補って、国や国々のまとまりを維持した。

村のさらなる巨大化

弥生時代の後半期でまず目につくのは、各地域でさらに村が巨大化する現象である。また、その盛衰と変動にはそれぞれの地域ごとの特色がある。

九州

三雲は伊都国の王の居住する国邑《こくゆう》で、それまで散在した居住地が中期後半には中心部に集中して、大規模集落となる。集落の東から南には三本の大溝が掘

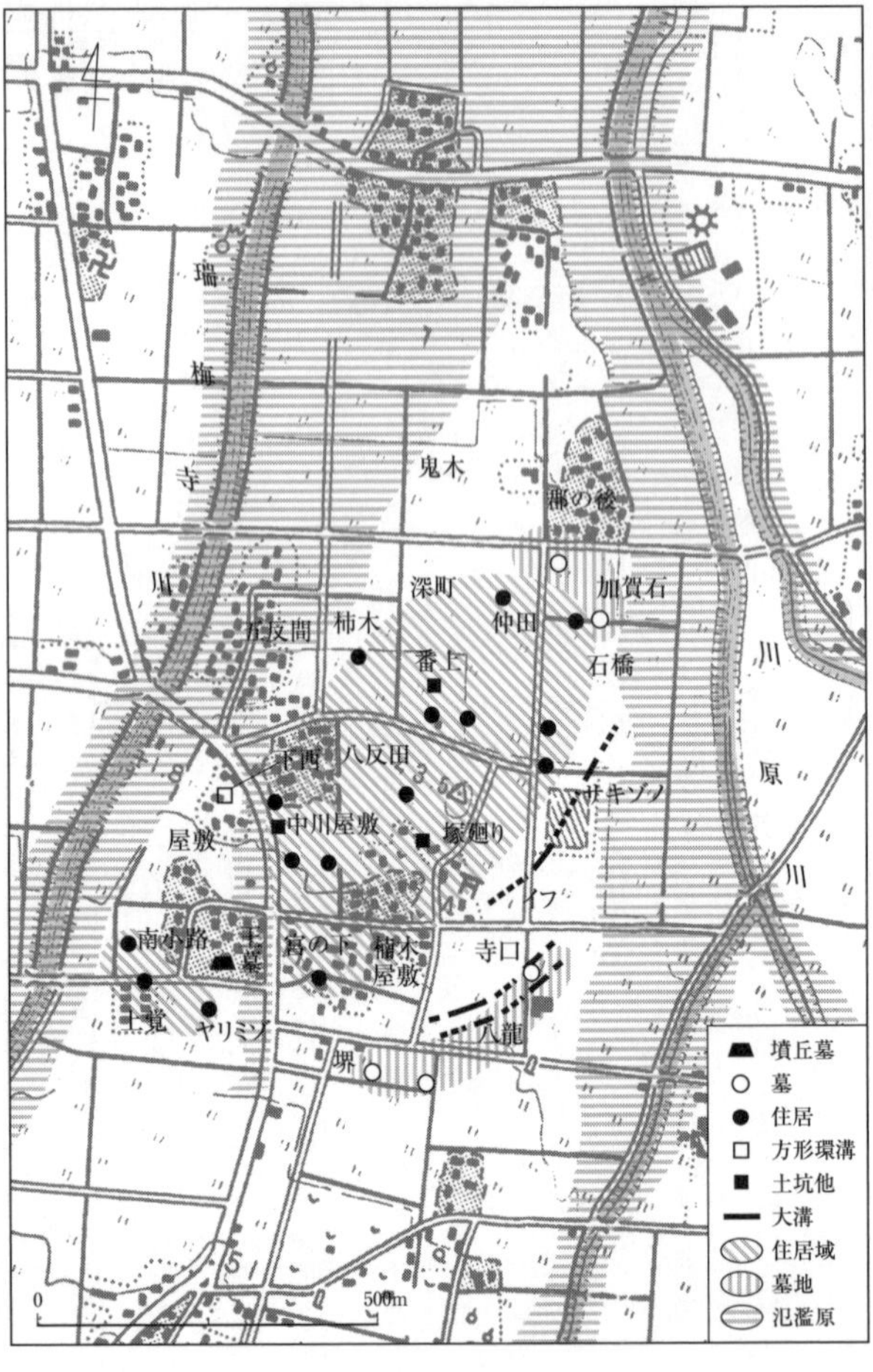

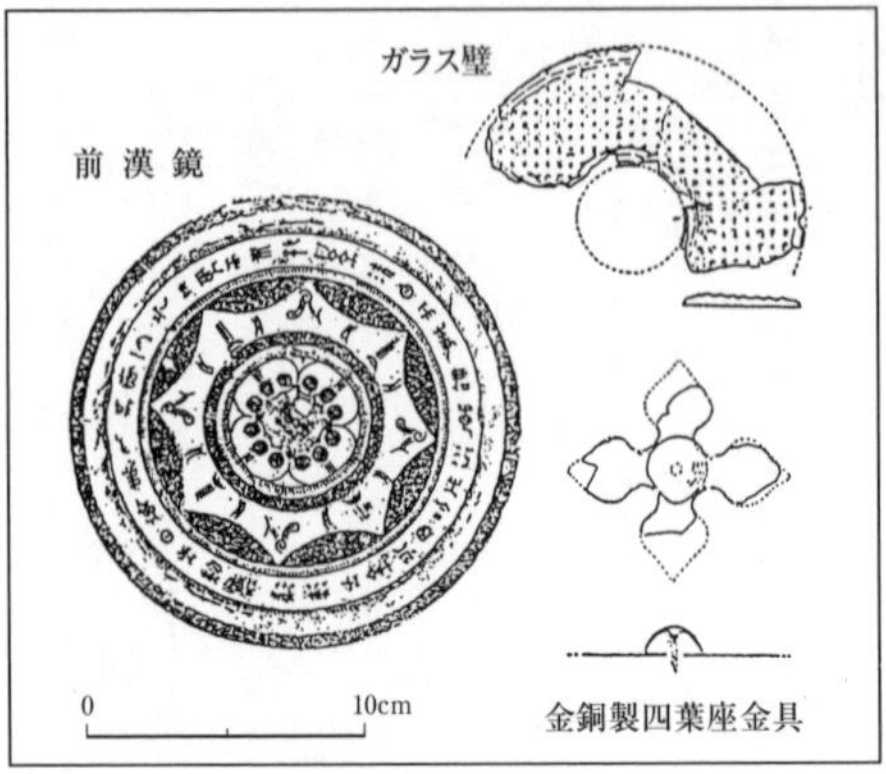

●図49　三雲遺跡　弥生中期後半～終末期の集落と王墓の副葬品。

●—**図50　三雲八龍地区の甕に刻まれた「文字」**　後期末の大甕の頸に刻まれ「竟」〈鏡〉と推定されている。

られ、居住地と墓地を隔てて古墳時代前期までつづく。居住地の範囲は南北六五〇m、東西三五〇mで二二万㎡ほどだが、南隣の井原遺跡を含めると四〇〜五〇万㎡ほどになる。これまで本集落は一〇〇万㎡を越えるとされたが、これは墓地や谷部も含めた数字である。二〇〇二年度からの下西《したにし》地区の調査で、王墓の向かい側に一辺約四五mの方形環溝（中期後半）が確認されている。

ここは他と違って中期後半〜後期に楽浪土器が集中する。番上《ばんじょう》地区では八八㎡掘っただけで四〇点ほど出た。たった四〇点と思われるだろうが、楽浪土器はふつうの村ではまず出ず、出てもせいぜい一〜二点である。さまざまな器種が狭い範囲から出るから、楽浪郡から渡来した漢人がいた。楽浪郡では文字を使ったし、対岸の韓国慶尚南道茶戸里《タホリ》遺跡では交易用の文字を書いた筆とともに九州産かとみられる中細形銅矛が出たから、三雲でも渡来漢人を一角に配して、文字による交易・外交を展開したのだろう。八龍《はちりゅう》地区から出た文字資料も一つの裏付けになる。

須玖岡本遺跡は「弥生銀座」として有名な春日丘陵北半部にあり、中期前半に一挙に巨大化し国邑となる。その中の小さな丘陵ごとに居住域と墓地があるた

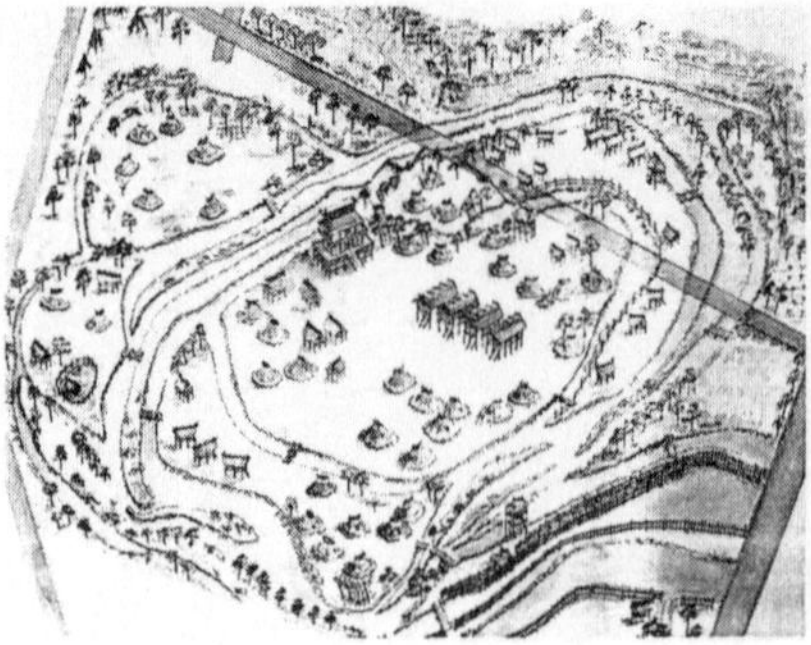

▼平塚川添遺跡の多条環溝　三〜七条で水が流れた痕跡がある。

●──図51　弥生時代末期の平塚川添遺跡の復元図

め、それぞれを村とする説もあるが、ほとんど途切れずに続いて、周囲二〇〇〜三〇〇mにはまったく弥生の生活遺跡はないから、やはり一まとまりの集落でよい。その面積は一〇〇万㎡を越え、大規模な土木工事で尾根を平らにして住んでいる。部分的に居住区を囲む環溝はいくつかあるが、全体を囲む環溝があったかはまだ決まらず、王の住んだ場所も不明だが、中期後半には青銅器の生産が大々的に始まり、後期にかけて各種の工房が展開する。

　吉野ケ里では後期前半になると外濠が四〇万㎡以上を囲み、後期後半〜末にはほぼ長方形の南内郭（古段階七八〇〇㎡、新段階一万一〇〇〇㎡）と、方と円をあわせたような平面A字形に二条の溝で囲む北内郭（二七五〇㎡）ができる。南内郭は正門の左右両側の半円形の張り出しに物見櫓がたって厳重に守り、ほかにも数カ所張り出す。北内郭の張り出しは左右対称に二カ所ずつ（計四カ所）あり、入口は二条の環溝が左右にずれて、折れ曲がる柵に囲まれて鍵形になる。その中には総柱の超大型建物がたつ。

　平塚川添《ひらつかかわぞえ》遺跡（福岡県朝倉市）は低地の拠点集落で、後期には円形多条環溝がめぐる。▲隣接の山ノ上地区も含めた全体の面積は二〇万㎡でこの地域の国邑で

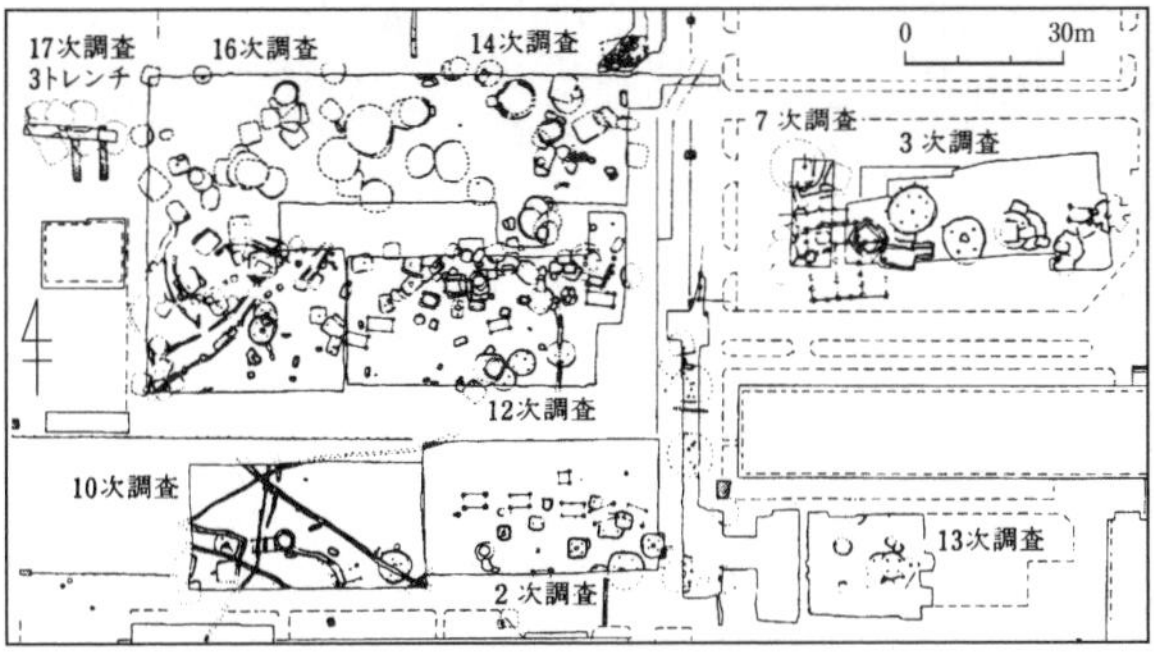

▼文京遺跡の大型建物　柱の径は三〇～四〇cmで、竪穴住居の柱の径（一五～一八cm）より大きい。

●―図52　文京遺跡中心部の遺構群（弥生中期後半～後期）

ある。内部中央の楕円形環溝の中には大型の高床倉庫四棟と楼閣がたち、ほかに半円形の別区が七つ取りつく。

原の辻では全体を囲う溝が後期には三重になり、もっとも高所には柵で囲った前方後円状の区画（一〇〇〇㎡）ができる。また溝の外の東側には二条の側溝をもつ道路もあり、集落の入口は東側に変わる。

中国・四国

この地域では文京《ぶんきょう》遺跡（愛媛県松山市）の内部構造がよくわかる。ここは、東西にのびる旧河道と浅い谷にはさまれた微高地上の中期後半～後期初の村で、東西三〇〇m、南北二〇〇mの規模をもつ。密集する竪穴住居は全体で五〇〇棟を越えるとみられ、東側の高まりには平屋の大型建物（四棟）が集まる。▲ 1号（四間×四間以上、一一〇～一三〇㎡）と2号（五間×二間以上、九〇㎡）は重なるが、2号と4号は方向が同じで併存する。北端には旧河道に面して一三棟の高床倉庫群があり、村全体の貯蔵区域である。住居が密集する区域の南西にはガラスや金属器の工房があり、ガラス滓や板状の鉄素材が出た。その西側では土器をつくったことが、焼いたときの失敗品などからわかる。環溝は不明だが、村の

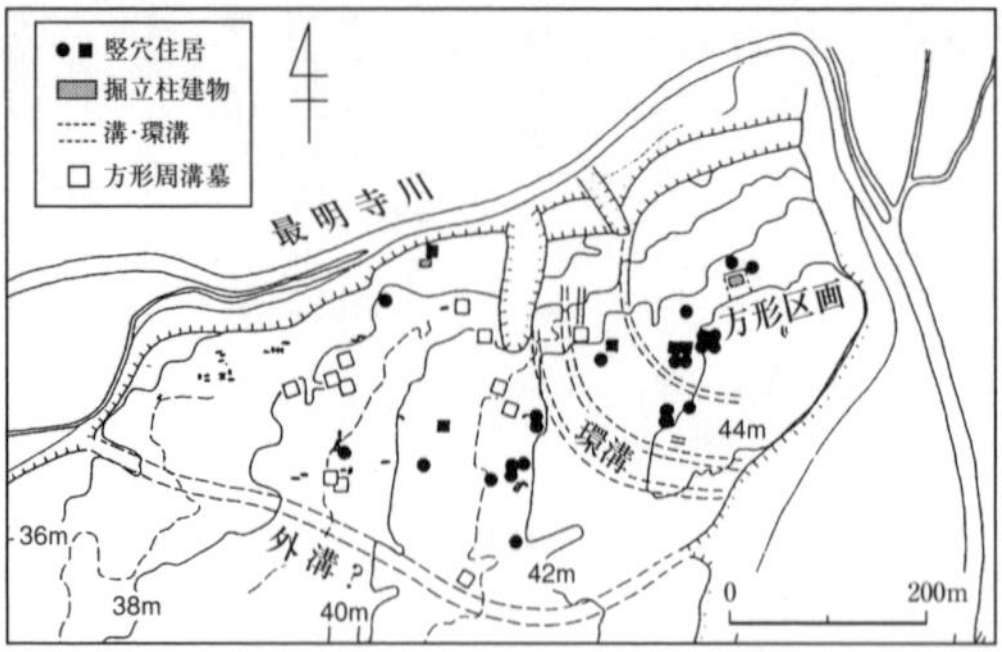

図53　加茂遺跡(弥生中期後半)

中は明瞭に機能分化している。

妻木晩田《むきばんた》遺跡(鳥取県大山町・米子市)は、日本海にのぞむ丘陵上(標高一〇〇～一五〇m)の大集落で、八地区にわかれる。中期後半に洞ノ原地区の見張所の機能をもつ環溝がまずつくられ、後期後半～終末に大きく展開する。両側に庇がついた大型建物や総柱の建物も出ており、この時期の村の首長は松尾頭地区に居住する。ここでの成果をもとに、首長は掘立柱建物ではなく大型の竪穴住居に住んだとする説もある。弥生前半期だとありうるが、祭りと政事《まつりごと》を司る後半期の首長は掘立柱建物に住んだとみる。

近畿

近畿の場合、加茂遺跡(兵庫県川西市)では四重の円形環溝の中央に方形の区画ができる。

池上曾根では中期前半から後半(Ⅲ～Ⅳ期)に、前代の環溝の一〇m外側(内溝)と、さらに南側約一五〇m(外溝)の二カ所に円形環溝を掘る。外溝は墓域と居住域をわけるが、東西の河川にぶつかって終わる。内溝は北側に回って多条化するが、西側の河川でとまる。竪穴住居は内溝と外溝の間にもあるから、

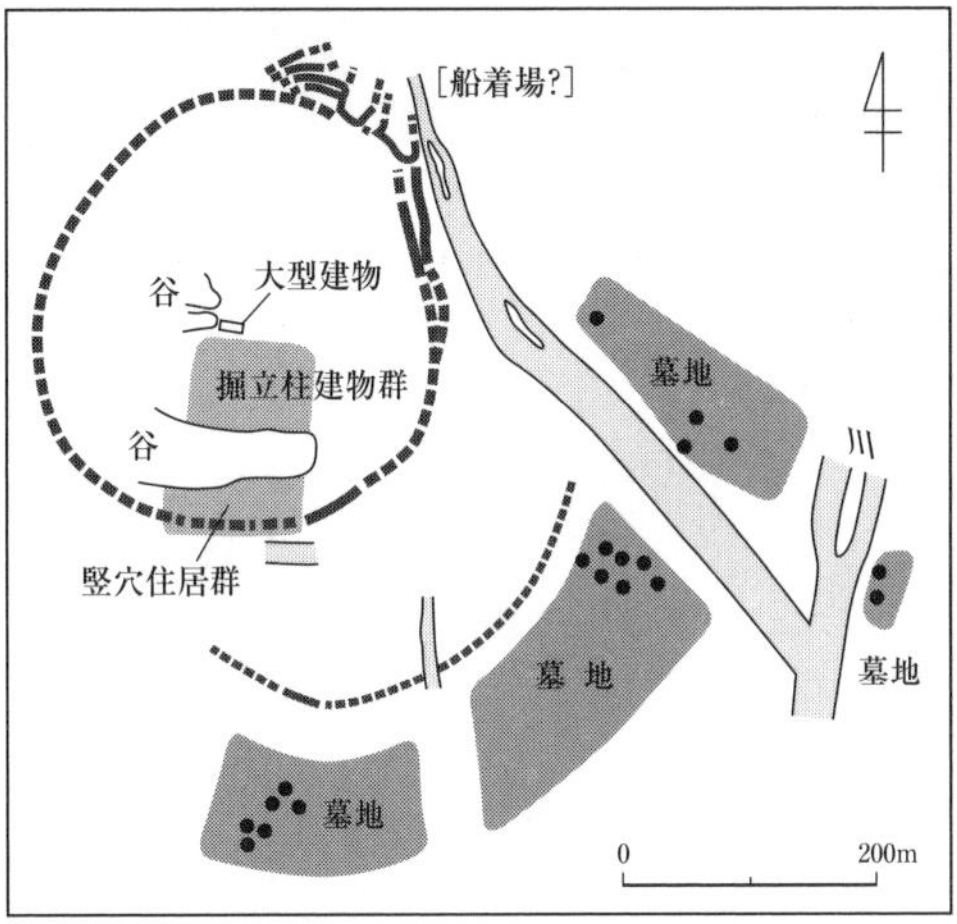

図54　池上曽根遺跡（弥生中期後半）

図55　復元された大型建物と井戸（池上曽根遺跡）

図56　建物を描いた土器（弥生中期後半、池上曽根遺跡出土）

居住域は一二万～一四万㎡に拡大する。そして中心部には方形区画ができて超大型建物がたつ。後期には環溝は埋没して、井戸を中心に小集団が分散居住する。

中期の大集落が崩壊して後期に分散居住するのは近畿の一般的な特徴だが、奈良県や滋賀県には後期の巨大環溝集落がある。

唐古・鍵遺跡では中期後半に多条環溝をさらに掘削して、幅一〇〇～一五〇mの環溝帯となる。その後、中期の終わりに一度洪水で村は埋没するが、すぐに多条環溝を再掘削する。後期には南地区の中枢部を区画する溝があるが、内部はまだ不明である。

滋賀県の野洲川や堺川の流域では、国邑が次々と場所を変えて移動する特色がある。

下之郷《しものごう》遺跡（滋賀県守山市）では中期後半に巨大な水濠（東西六七〇m、南北四六〇m）が楕円形に二五万㎡を囲む。その中には、西側に寄って三条で楕円形にめぐる内濠（東西三三〇m、南北二五〇m、三・九万㎡）があり、二重構造となる。内濠の中には方形の環溝（七五×一〇〇m）ができ、複数の大型建物もたって、

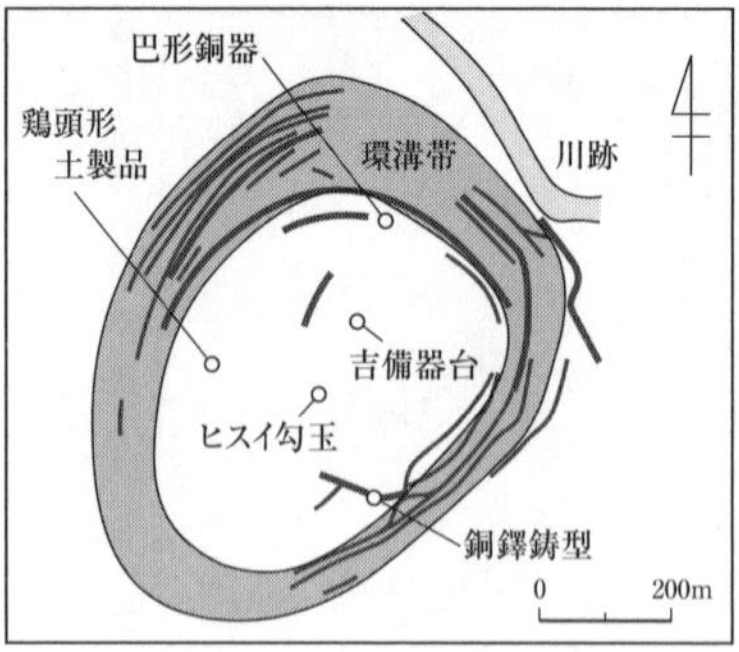

●図57　唐古・鍵遺跡の後期の集落　調査者の藤田三郎氏は三地区すべてに中枢部があるとみる。

さらに縦横に区画されそうである。

下之郷が衰退すると、その東側の播磨田東《はりまだひがし》遺跡に径三〇〇m前後で多数の竪穴住居を囲む円形環溝があらわれ、中期末にはその南西の二ノ畦《にあぜ》・横枕《よこまくら》遺跡に一九・七万㎡(東西四五〇m、南北五五〇m)の二条円形環溝がめぐる。二ノ畦・横枕の中央部には建物群や大型の円形住居(径一三・五m)があり、鉄器をいち早く入手するが、後期初頭には廃絶し分散する。

後期前半にはその北側の酒寺《さかでら》遺跡に方形環溝▲が掘られるとともに、同時期の小集落が周辺に二〇カ所ほど散在し、環溝の中に住める一部の人々と、そうでない多くの人々にわかれるという。

後期の中頃には、これらから二・五㎞南に離れた堺川左岸に伊勢遺跡(滋賀県守山市・栗東市)があらわれる。ここでは建物の痕を後期後半の竪穴住居が切るから、この頃に役目を終え、かわりに一・三㎞南西の下鈎《しもまがり》遺跡に大型建物群が方形配置であらわれ、金属器も生産する。そして古墳時代になると二㎞北の下長《しもなが》遺跡に一辺六〇mの方形環溝ができ、中には二間×三間で四〇㎡の大型建物がたつ。

▼**酒寺遺跡の方形環溝**　一辺一四〇mほどで一八軒の竪穴住居を囲む。伴野幸一「滋賀県伊勢・下之郷遺跡」『季刊考古学別冊9 邪馬台国時代の国々』(雄山閣)一九九九年。

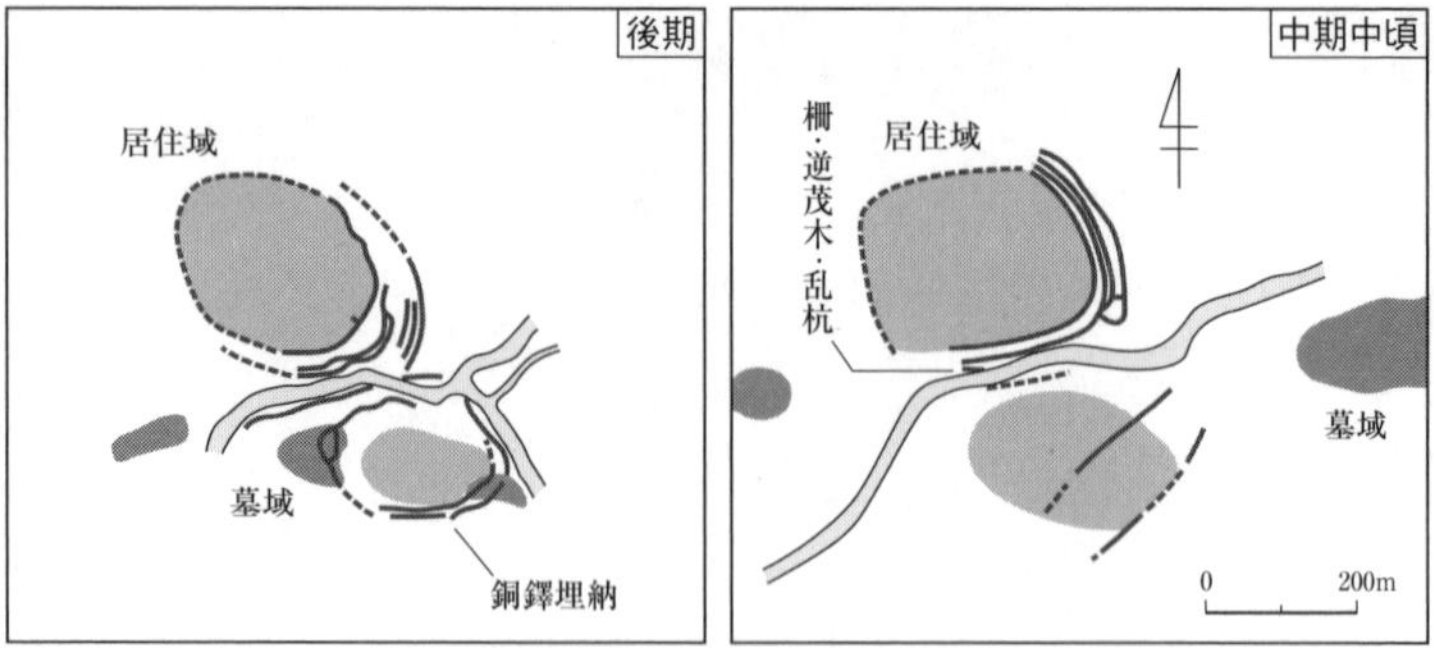

●―図58　朝日遺跡の環溝

東海

愛知県朝日遺跡の中期の中頃〜後半（Ⅲ〜Ⅳ期）の北区域は四条の環溝がめぐり、南区域側の谷面には乱杭や逆茂木帯を設けて厳重に防御するが、南区域にはやはり環溝はない。中期末に環溝は一度埋まるが、後期には北区域に六条の溝、南区域に環溝を掘る。その原因は、戦乱などの緊張関係説や、南北両区域のあいだの谷に流れ込む水の制御説がある。円形環溝が隣接して併存する良い例である。

関東

南関東では、横浜市北部の鶴見川・早淵川流域で、中期後半（Ⅳ期）の宮ノ台期の様相が明らかになった。ここは古くから研究され、環溝＝拠点集落と小集落が組み合うとされてきた。しかし土器の時期を細かくわけると、一段階は小集落がわずかに点在するだけで、二段階に環溝集落群ができ、三段階はさらに環溝集落の数が増して小集落も急増するが、後期初頭には一部の小集落を残して突然なくなることが判明した。

二段階のはじめの人口の増加率▲を調べると、自然に増えたとはとても理解で

▼鶴見川・早渕川流域の人口増加率　安藤広道氏がこの流域の人口増加率を算出している。安藤広道「集落の移動から見た南関東の弥生社会」『弥生時代の集落』（学生社）二〇〇一年。

きず、最低でも五〇〇人ほどがよそから移住し、三段階の直後には二〇〇〇人以上がどこかへ移動したという。この現象は弥生集落の流動性の高さをよく示す。

またここの環濠集落は一七カ所ほどあるが、折本西原《おりもとにしはら》遺跡（横浜市）を除くと、居住域はいずれも二万㎡前後の中形である。これに対して折本西原遺跡は最初に四万㎡を囲み、次に八万㎡に拡張し（一四万㎡とする説もある）、他の集落とは隔絶した大集落である。長軸一二・五m、面積一〇〇㎡を越す大型住居もあり、調査面積はごく一部だから、ほかにもまだいくつかあるだろう。内部には関東でも最大級の方形周溝墓が中期後半と後期前半にできる。したがって折本西原はほかの集落群の上にあって、この地域を制した村である。折本西原—その他の環濠集落—小集落という序列からみて、この地域は一つの国だが、集落の中の階層分解はまだほとんどみえない。

後期にはこの地域は中小の集落が増えるが、人口も増える。全体をまとめる村はいまのところ不明だが、久ケ原《くがはら》遺跡（東京都大田区）を約三〇万㎡の巨大集落とする説もある。

方形環溝の展開と諸施設

中期後半（Ⅳ期）以降に村の中で起きた大きな変化は、直線的で地形に左右されない方形環溝の出現である。円形環溝は自分達とヨソモノとを分けへだてたが、今度はその自分達の中にも分けへだての溝が走り、日常の生活空間でも、方形環溝の中に入って指示命令する首長層と、中に入れない一般の人々との分裂が、きわめて明確になった。▲

中期後半の方形環溝や柵列の実例は先述の三雲下西地区のほかに、福岡市比恵《ひえ》遺跡（いまは比恵・那珂遺跡という）や加茂遺跡（兵庫県川西市）などがある。

比恵では戦前に四基の方形環溝がみつかり、中期後半に同時に存在したと考えられてきた。しかし近年の再発掘の結果では、1号は一辺三〇ｍの方形で中期後半だが、2号は後期後半〜古墳時代初頭、3号は2号と同時期で溝が重複するから2号の掘り直しとみられ、4号の時期は不明だが、一時期に一基と考えた方がよくなった。1号を後期とみる説もあるが、当時の記録などからすれば、やはり中期後半でよい。1号の中には竪穴住居が六棟ほどあったとみられ、井戸も二基でている。板付の方形環溝は一辺四三ｍほどだが、一部しかわから

▼**円形と方形の集い**　人が集う形にはいまでも円形と方形がある。円形の典型は盆踊りで丸く輪になり、老若男女を問わず参加は自由で、踊る人々には優劣の差や勝ち負けはなく、日頃の上下関係も無効で、人影は重なりあって正確な人数はつかめない。方形の極限は軍隊の隊列で、人数は定められて遅刻や脱落は許されず、階層秩序は厳格で、権限も上にいくほど絶大である。「平等の円形、支配の方形」ともいえる。方形環溝の出現は、弥生時代的な理念の本格的な実現でもあった。

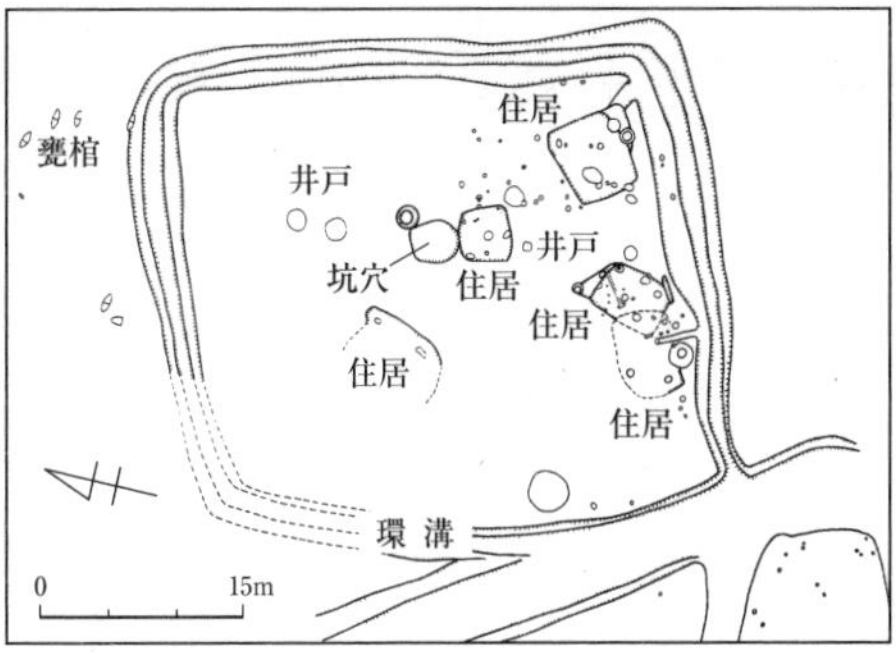

図59　方形の環溝(比恵遺跡第1号環溝)

ず、中の施設もまったく不明である。加茂では円形の多重環溝の中心部に、竪板塀による方形の区画があり、下之郷でも中期後半に七五〇〇㎡の方形環溝ができる。

すでに述べたように倭人は、中期後半からは楽浪郡にひんぱんに朝貢し、中国系の副葬品が主体になる。方形環溝がこの時期にあらわれるのは決して偶然ではなく、中国→朝鮮→日本という方形の都市や環溝の流れの中で、外部から導入された面が強い。渡来韓人・漢人から、あるいは楽浪郡の大守の大きな役所の中や三韓諸国の拠点集落の方形環溝の中に招き入れられた使者や海洋民から生の情報をえた首長層は、支配のための方形環溝をようやく日本で実現したのである。

方形環溝は円形環溝とかかわりながら、(A)円形の中の方形、(B)円形の外の方形、(C)円形のない方形へと展開する。中期後半〜後期の方形環溝は、吉野ケ里や池上曾根、加茂、下之郷などほとんどがA類型に属し、B類型には野方中原《のかたなかばる》遺跡(福岡市)、C類型には千塔山《せんどやま》遺跡(佐賀県基山町)が属する。

比恵1号も大溝が台地の縁にあって、やはりA類型である。いっぽう平塚川

●図60　方形環溝の類型

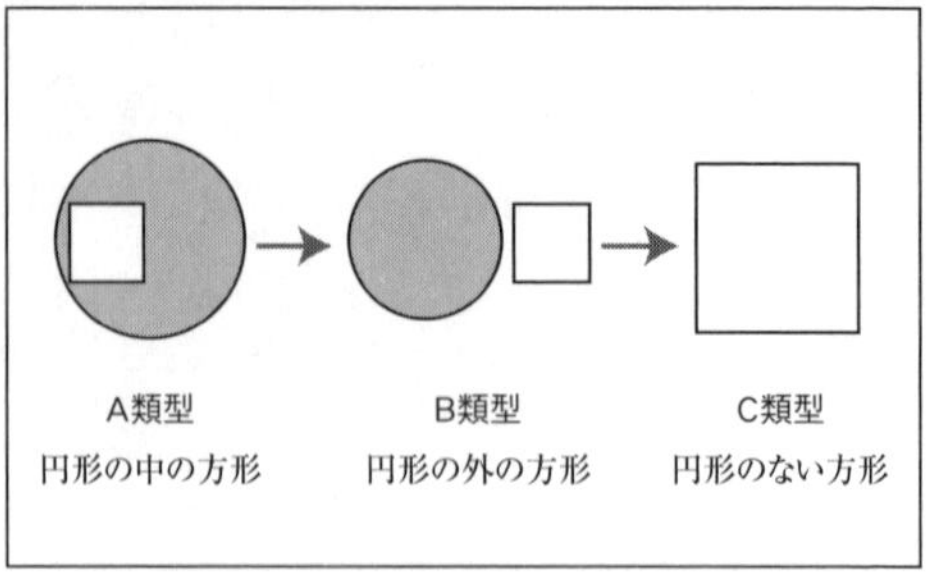

▼吉野ケ里遺跡の評価　北内郭と大型建物は時期が異なり、南北の内郭はそれぞれ別個の集団の首長層とする考えもある（蒲原宏行「三世紀の北部九州」『三世紀のクニグニ・古代の生産と工房』二〇〇二年）。

添の中央区は円形環溝で、これはA類型の変形、「円形の中の円形」である。

重要なのは、方形環溝の出現とともに村人全員のための主要施設がその中に取り込まれる点である。その様相はさまざまで、そこには一般の人々と首長層のそれぞれの結束状態や力関係、その地域の歴史的な経緯や環境・生産力の違いなどが反映される。吉野ケ里では、北内郭が祭りなどの村の聖なる部分を、そして南内郭は日常の村の運営など俗の部分を独占する。▲

また、貯蔵穴であれ高床倉庫であれ、中期以前の倉は村の中の一カ所に集めて全体で管理した。下原遺跡（福岡県朝倉市）では中期前半の高床倉庫群が住居群の北にあり、文京でも同様に北に高床倉庫群がまとまり、吉野ケ里では中期後半に円形環溝内部に高床倉庫群ができる。いずれも特定の管理集団はなく、全体管理である。

これに対して平塚川添では、国の大型倉庫群を中央区にとりこむ。吉野ケ里の後期の大型倉庫群は中央西側の外濠の外にあり、東の入口からみると、これらは村の一番奥になる。居住区の外にあり、形の上では全員のための倉庫だが、よくみると南内郭に接近していて、実質的な管理権は南内郭の人々が握りはじめていた。また、北内郭の近くには、首長層が自分達のために別に設けた倉庫群がある。

物見櫓も、一ノ口では集落全体のものだったが、吉野ケ里では全体を囲う外濠には全くなく、張り出しは北内郭と南内郭に限られる。とくに入口の両側が張り出して物見櫓がそびえる南内郭のつくりは、物見櫓が首長層のものになったことを強く印象づける。

広場も、平塚川添では中央区の高床倉庫群の西側にある。

大型建物は竪穴住居とは隔絶した威容を誇って集落をまとめる。墓前建物と日常空間内建物の二者があり、中期前半までは全員のための施設であった（江辻、吉武高木、中里など）。これに対して吉野ケ里では床面積一五六㎡ほどの超大型建物が北内郭に建ち、北内郭の入口は南内郭を向くから、首長層のための墓前建物となる。日常空間の大型建物も、平塚川添では中央区の中の北東の奥、集落の最高所にあって、倉庫群とともに広場を囲む。▲

池上曾根の中期後半の大型建物も、方形をなすとみられる中心部の南西にある。この建物は梁行一間が特色で、最初は方向が異なって棟持柱をもたない五

●—図61　平塚川添遺跡の大型倉庫群復元図　四棟が並立する。

▼平塚川添の大型建物　この建物は当初二間×三間の総柱の本体（五八㎡）に半間分の回廊が四周にめぐる高床の重層建物とされたが、本報告では平屋となった。

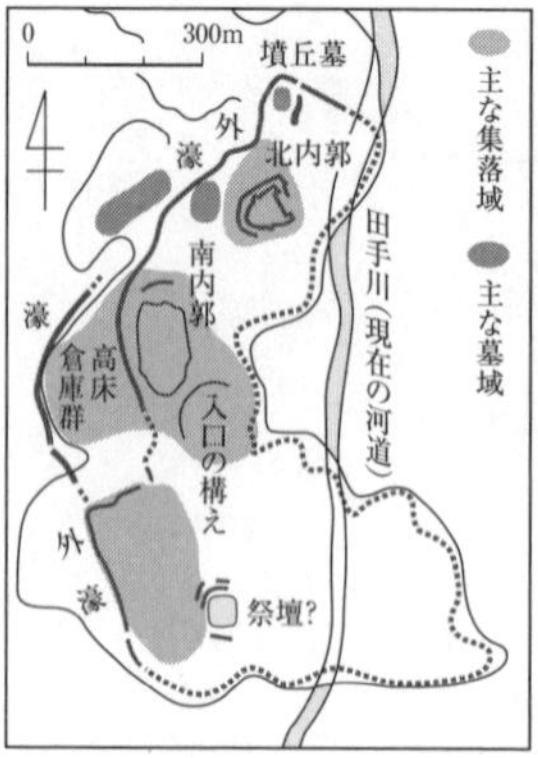

●—図62　吉野ケ里遺跡（弥生後期）

●—図63　吉野ケ里遺跡
復元された北内郭・南内郭(上)と、高床倉庫群復元図(左)。

間建物だが、次の段階からは独立棟持柱をもつ東西方向の建物に改められ、七間から八間、最終的には一〇間(一三五㎡)まで拡大する。ここには巨大な井戸や、石器や石材・イイダコ壺を埋納した穴もあり、祭りの空間も方形区画が囲い込む。ただし首長層の住まいはこの区画の北東部、まわりより高くて前期までの遺構が集中する一帯とみられる。また、ここでの祭祀はまだ村全体のものだろうが、それを方形区画の中でとり行なうことが重要である。加茂や下之郷でも方形環溝の中に大型建物を取り込む。

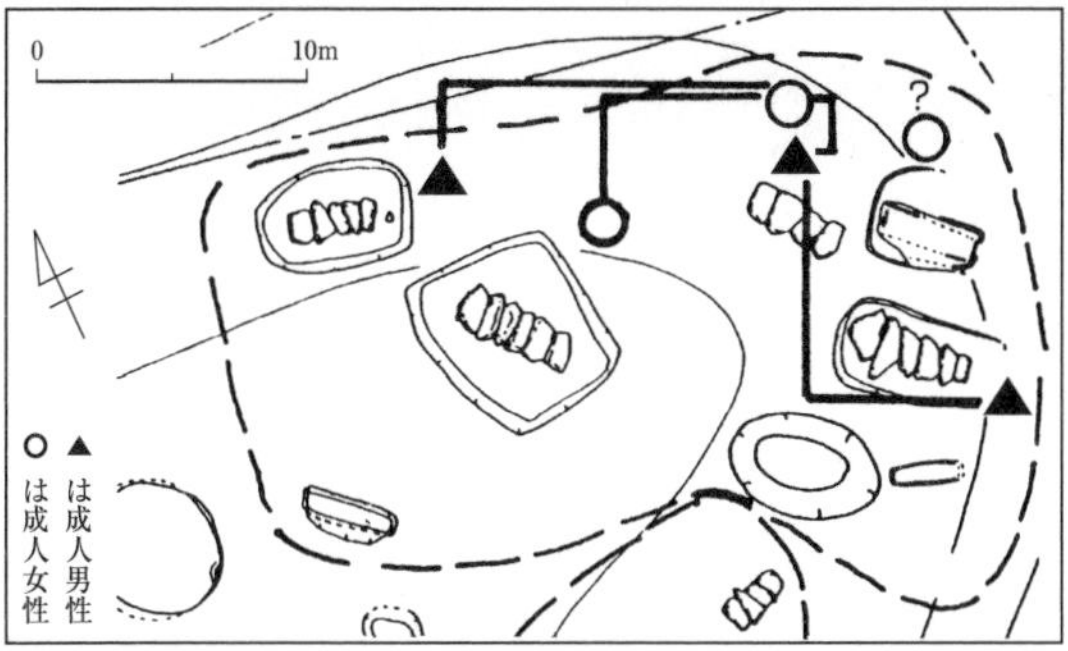

●図64 前田山遺跡の被葬者の親族関係

方形環溝の中の人々

それでは方形環溝の中にはどんな人達が居たのか。その一つの手がかりが、前田山遺跡(福岡県行橋市)の弥生後期末の村の首長層の墓地から出た人骨である。ここではI地区A群で人骨の残りが良く、男女が一対で三組みられた。

こうした男女一対が夫婦か否かが問題だが、歯冠計測値による分析の結果は、いずれも直系の血縁関係、兄弟姉妹ないし親子と判明し、うち一人は経産婦である。以上の結果は、この村の首長層が直系の血縁集団から成り、方形環溝の人々もこうした直系の血縁集団が中心であったことを推測させる。男女一対の直系血縁者は、日本の古文献にいうヒメ・ヒコ制を想起させ、聖家族の成立を意味する。こうした首長層の形成は、男女一組の主体部と推定される三雲南小路の二基の甕棺の時期、そして方形環溝が出現する時期でもある中期後半までさかのぼるであろう。

④―弥生居宅と都市論

モノをつくる村

弥生時代には、土器・石器・木器など基本的に原料が豊富でたやすく手に入り多くの村でつくれる価値の低いモノと、鉄器・青銅器やブランド品と呼ばれる一部の石器など、原産地が限られて原料を得るのに苦労し、つくるにも高度な技術を要したり製品自体が優秀で、限られた村でしかできない価値の高いモノの二者がある。前者は自分達でもまかなえるが、後者は供給を仰ぐしかないため、ほかの人々につくってもらったり(分業)、特定のモノだけをつくる(専業)人々が組織された。もちろん縄文時代にも分業と専業はみられ、広範囲に流通もするが、弥生時代には、つねに専業集団を生み出そうとする動きと政治的に製品を流通する体制が確立し、価値の低いモノにまで分業が浸透する。

モノの流通には村の中で終始する場合から、国々の連合の範囲を越える場合まである。これは分業にも(A)村の中、(B)国の中の村と村、(C)国と国あるいは国々と国々の間という三通りがあることを意味するが、A→B→Cと段階

図65 石庖丁のつくりかた

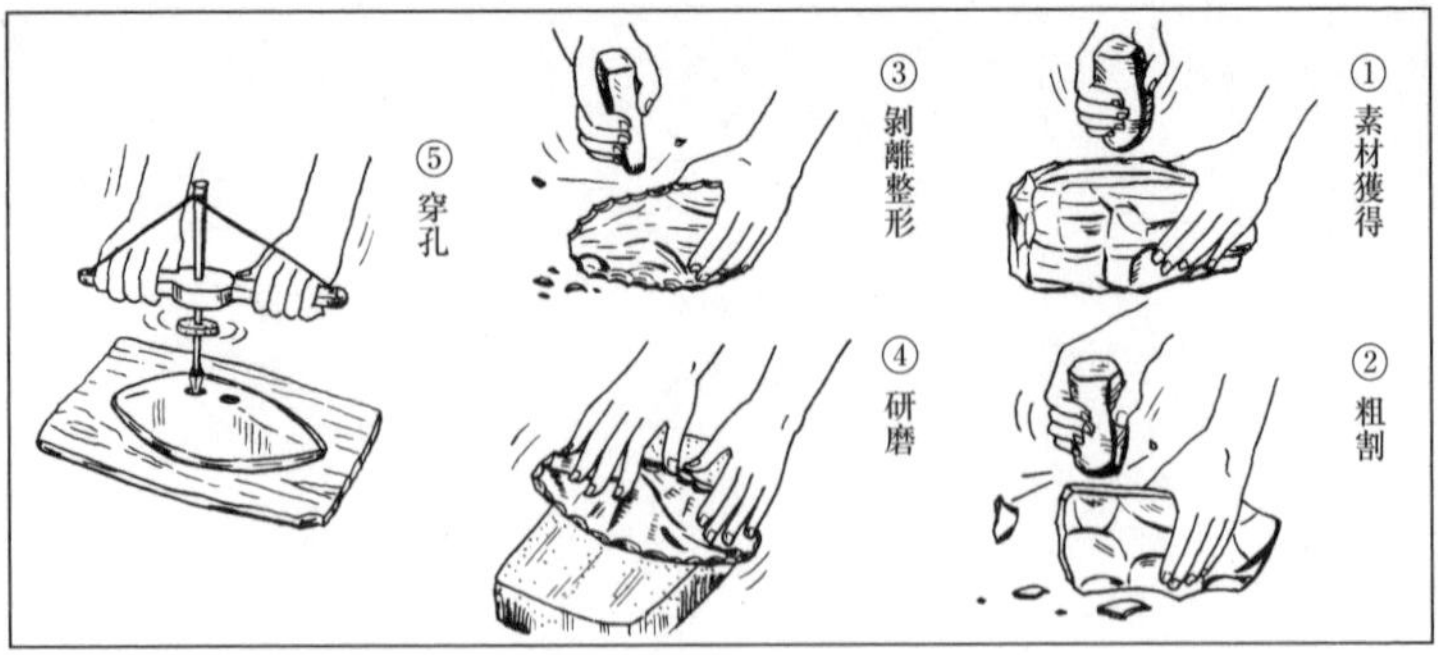

的に拡大はせず、Aの整備・強化とともにB、Cも同時に展開する。

これまで弥生時代の生産と流通は石器や青銅器によって語られてきた。石器は、作って、使って、捨てるまでの各段階にふりわけができ、腐らないから、注意深く発掘すれば資料はそれぞれの集落での全体的な量と内容がかなり正確につかめる。石材の原産地も特定でき、剥片や作りかけ(未成品)は製作工程のどの段階をそこで行なったかを示す。

また、青銅器は腐触に強く、鋳造品のために形の変異は少なくて同笵品や類似品の区別がたやすく、鋳型や銅滓、フイゴの羽口、炉などは製作地を示すとともに、原料の調達から鋳造までの各段階を理解する手がかりになる。ガラスや玉、貝製品はこれに次ぐが、食料や木器、織物などは条件が悪い。

土器と石器の生産と流通

価値が低いモノの典型は土器だが、近年、土器を焼いた遺構や、覆い焼きをした際の壁の破片(焼成粘土塊)、焼くときに剥がれたり破損した土器(焼成破損土器)とその破片から、土器の生産と流通が見え始めた。それはおおむね拠点

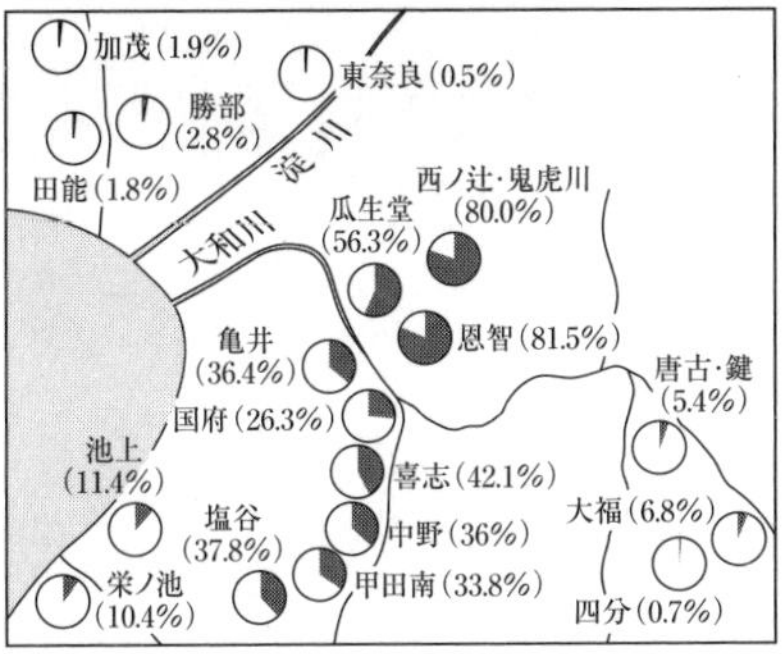

●—図66　近畿の各集落における生駒西麓型土器の占める割合

集落ごとの生産とそれぞれの周辺の小集落への供給といえる。文京でつくった特殊な受け口状の口縁をもつ甕を、まわりの小集落だけに供給するのはその好例である。ただし、拠点集落ごとの生産は、一〇〇パーセントの自給を意味しない。複数の村にまたがって規格性の強い土器がみられる場合もあり、村を越えて臨時に土器作りの名人達が集められ、季節的に土器をつくって供給したという。また、焦茶色か茶色で角閃石《かくせんせき》が混じる生駒西麓型の土器は、大阪府の西《にし》ノ辻《つじ》・鬼虎川《きとらがわ》遺跡（東大阪市）と恩智《おんぢ》遺跡（八尾市）でつくられ、唐古・鍵や池上曾根、加茂などまで広く分布し、村を越える。しかしこの場合でも製作地に近い集落ほど比率が高く、離れるほど低くなって、リレー式の流通である。

これに対して北部九州の場合、堅緻な玄武岩で、ブランド品といわれる太型《ふとがた》蛤刃石斧《はまぐりばせきふ》（以下、蛤刃石斧）をつくった今山では、農業をしない人々が遅くとも前期後半には定着する。そして中期前半までもっぱら蛤刃石斧だけをつくり、それらの石斧は各地に運ばれた。注目されるのは、今山産石斧の分布が、距離とともにその比率が減少するような同心円状の自然流通ではなく、完成品が大型成人甕棺墓の地帯に広がってどこでも八〇パーセントを占めるが、その範囲

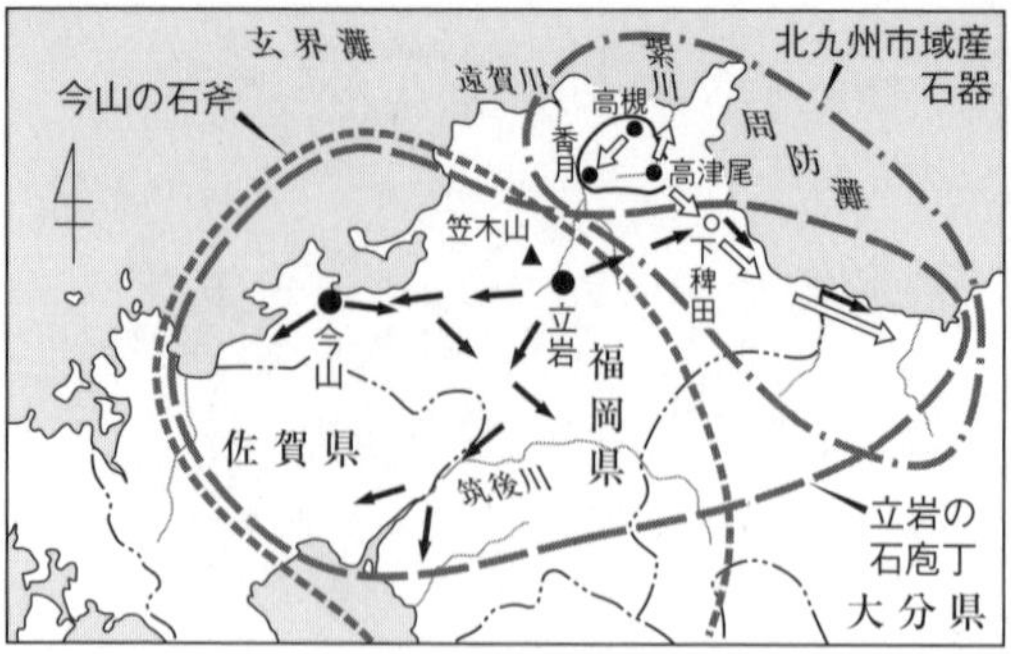

●—図67　今山の石斧と立岩の石庖丁および北九州市域産石器のおもな分布範囲

▼下稗田遺跡の石器　ほかに立岩産の石庖丁もある。

外になると急激に減少する点で、国の首長層による再分配を示す。

立岩の石庖丁は粘り気のある輝緑凝灰岩《きりょくぎょうかいがん》製で、方六〇〇mの丘陵内にひしめく一三の地区で前期末〜中期後半につくられ、やはり大型成人甕棺墓地帯や豊前地域に流通した。立岩では石剣や石戈もつくり農業もするため、専業度は今山より劣るが、やはり独占的に生産して完成品に仕上げ、各地に運ばれた。

この今山、立岩と石器の自給自足体制のあいだに位置するのが、北九州市域の半専業的集団である。ここでは香月《かつき》遺跡群(八幡西区)、高槻《たかつき》遺跡(八幡東区)、高津尾《たかつお》遺跡付近(小倉南区)の三カ所で石器をつくる。石庖丁と蛤刃石斧に話を限ると、村の中の各住居跡でつくるし使用品もあるため、自給自足のようにみえるが、中期の未成品は香月や高津尾の石庖丁が五割、高槻、高津尾の蛤刃石斧で八割である。これは前期の石庖丁未成品率(二割)よりもはるかに多く、使用量の四倍以上が外に運ばれている。いっぽう下稗田《しもひえだ》遺跡(福岡県行橋市)D地区の前期後半〜中期の蛤刃石斧一二〇本中に未成品はなく、石庖丁未成品は一二八点中わずか三点だから、北九州市域の三地区全体から完成品の形で石器が供給されている。▲

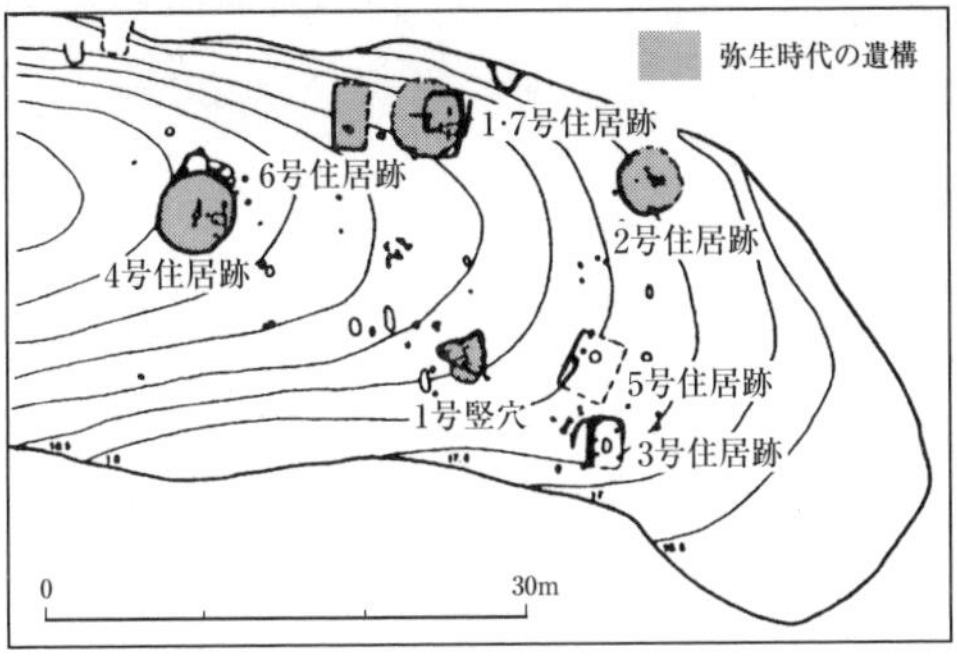

図68 門田遺跡

とくに香月では中期初〜前半に石庖丁などをつくった専業的な小集団(門田《かどた》遺跡)が確認された。門田は平野部から離れた北側の丘陵にあって、日当たりが悪く、居住には適さないが、付近には凝灰質粘板岩などの石材の露頭がある。この時期の農村によくある貯蔵穴などはほとんど無く、竪穴住居(三棟)はすべて作業台石をもち、露頭の石材に適した石器(石庖丁、磨製の石剣・石鏃・石戈)をつくる。原石の塊(一〇kg)も持ちこまれ、大小の砥石や石器をつくる道具、多量の石屑も出た。石庖丁の未成品は二二点中一九点で、未成品率は八六パーセントになり、ここではあまり農業はせずに香月村の人々全体に支えられてもっぱら石器をつくった。

石器製作の分業と専業は、ふつう専業集団側が優位に立つと考えられがちだが、優位に立つのは専業集団を掌握した人々である。また、供給される側は石器づくりというやっかいな作業を、専業集団や石器を供給する側に押しつけて、農業に専念したり(農業への専業化)、他の活動領域(外部との交渉や内政など)を拡大した。

近畿の石庖丁は半製品の形で広く流通し、南部では和歌山県紀ノ川流域の結

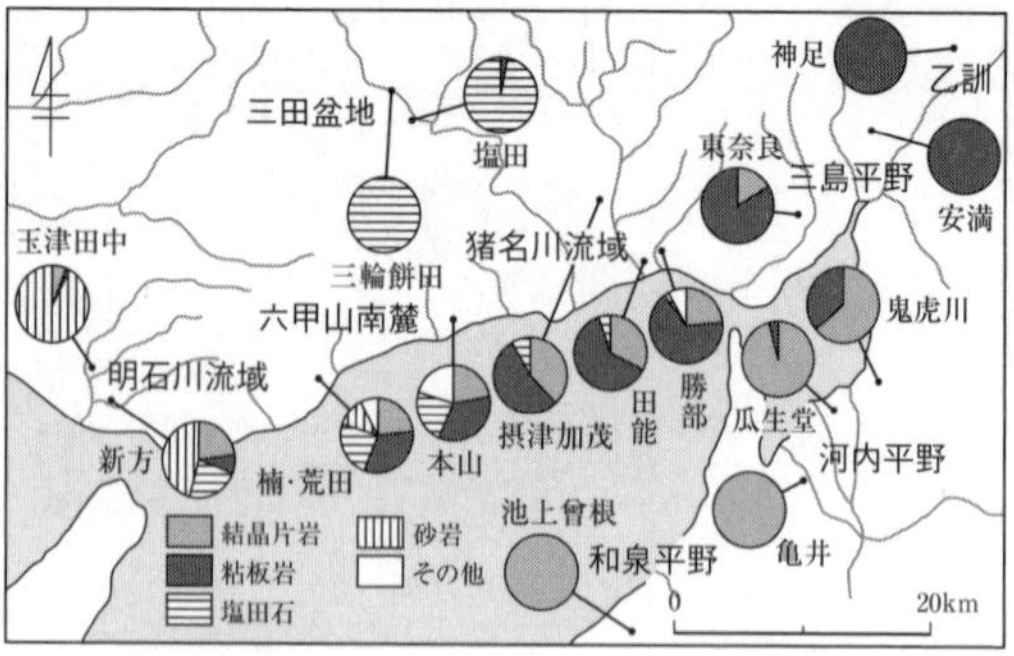

●──図69　大阪湾岸における磨製石庖丁の石材利用状況

晶片岩、北部では丹波山系の黒色粘板岩、西部では塩田石や砂岩を多用する。これらの石材は原産地の近くでは一〇〇パーセントに近いものの、遠ざかるとともに比率が低くなる。半製品の量も流れの末端では低くなるから、この時期の石器交易組織は、近畿では縄文時代以来のリレー式の自然流通網が主体であった。

しかし、サヌカイト製の大型尖頭器（石剣・石槍）では、石材を採取、加工した集落が原産地（二上山）周辺にあり、そこから離れた石川左岸の集落に半製品を運んで完成させ各地へ流通させた。これは半専業的なパターンを示す。太田・黒田遺跡（和歌山市）では石器生産専業の場が、集落内に独立するという。

青銅器の生産と流通

集落内で特定のモノを製作する場は、青銅器でいっそう明確になる。

日本の青銅器は、吉野ケ里の田手《たで》二本黒木《にほんくろぎ》地区SD001から出た前期末のフイゴの口や取瓶《とりべ》・ルツボ、堅田《かただ》遺跡（和歌山県御坊市）の前期末の鉇《やりがんな》の鋳型から見て、弥生前期にすでに小型品がつくられていた。

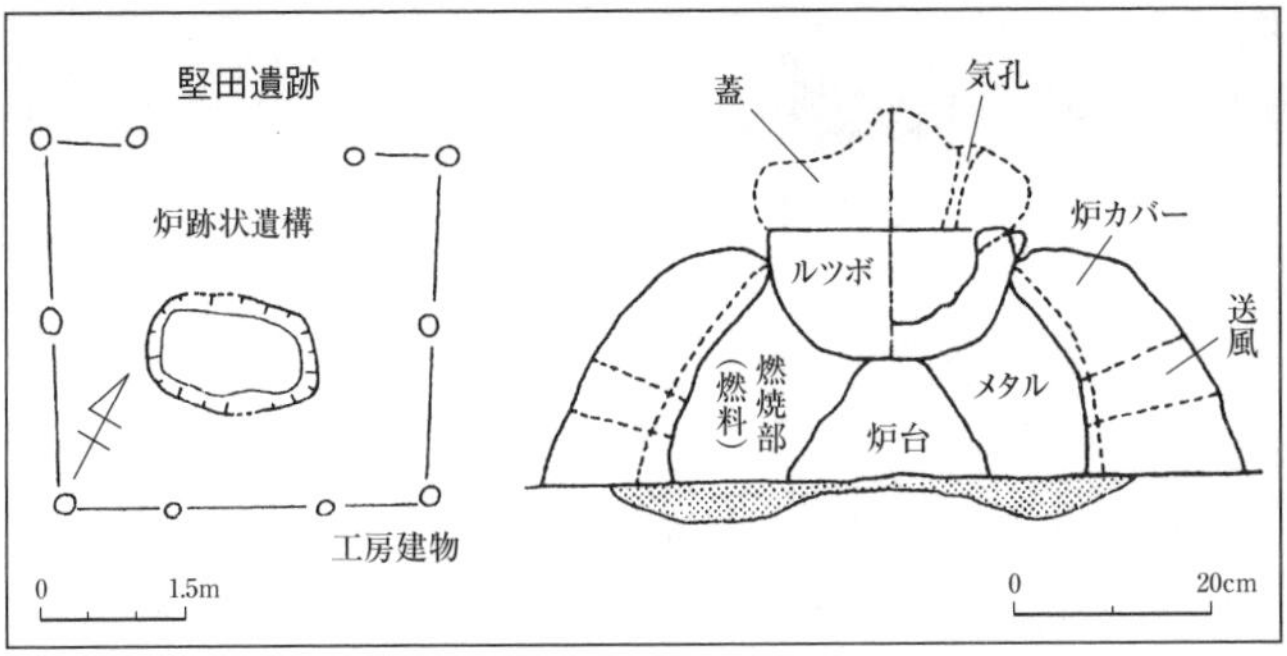

▼青銅器の溶解炉　原料をルツボで溶かして鋳造するための炉。

●図70　青銅器鋳造遺構の復元

堅田では円形環溝内の西側縁辺に建物（二間×三間）があり、その中の穴に焼土と炭を混ぜた防湿用の土をつめ、上面に粘土を貼って炉の床面をつくる。これは溶解炉▲で、穴の中のすぐ横に鋳型を据えて鉇を鋳込んだ。

吉野ケ里の中期前半の工房も、炉は出ていないが、環溝内の南端にある溝状の穴（平面一・二×六m）から、鋳造溶解滓や銅剣・銅矛の鋳型片（三点）、青銅片、高純度の錫片、鋳造された青銅器のはみ出しを取り除き形をととのえるための刀子やノミ状の鉄製工具、特殊な貼り床や炉跡の一部とみられる粘土、多量の焼土や炭化木が出た。他の地区では関連遺物は出ないから、少数の工人が拠点集落の一角に抱えられ、原料も調合したことがわかる。南端にあるのは、火災の際に北風による延焼を防ぐためである。中期前半までの初期青銅器の鋳型は点数も少なく散漫に分布し、少量を分散して生産するが、青銅器工房は基本的に拠点集落内の縁辺部に設けられた。吉野ケ里や本行《ほんぎょう》遺跡（佐賀県鳥栖市）の鋳型はまとまって出たほうである。

いっぽう庄原遺跡（福岡県添田町）は山奥の丘陵上（標高一三五m）の小集落で、中期前半以前の銅鉇の鋳型や、ベンガラあるいは石灰を焼いたかとみられる炉

▼北部九州の工房建物　湿気抜きのために平面長方形の溝をめぐらした中に、片方に寄って立つ平屋の建物が特色である。

●—図71　庄原遺跡の周溝をもつ工房建物

や鋳鉄脱炭鋼、ガラス素材(?)が出て、北部九州の工房に特有の建物▲もある。まるで化学実験工房で、いろいろな技術の試行錯誤を重ねたことがわかる。

中期後半には工人達の姿がより明確になり、集中生産の兆しがあらわれる。中期末(Ⅳ期)の安永田《やすながた》遺跡(佐賀県鳥栖市)では、環溝内の一角に工人たちが住み、溶解炉があってそのまわりの竪穴住居や祭祀土坑からは鋳型(銅矛、銅鐸)やフイゴの羽口片が出た。ただしその広さは一五〇〇㎡ほどで、区画する施設もなく、鋳型の数も五〇〇㎡に一点で、大々的な生産ではない。また、ここの石庖丁はいずれも使用品で未成品はなく、発掘面積あたりの石庖丁の数自体は一般の農村と同じである。したがって農具の製作は免除されたが農作業はしており、鋳造は農閑期が中心であった。

近畿でも中期には工人集団の姿がより鮮明になる。やはり鋳造工房の多くは拠点集落の南端にあった。外縁鈕式から扁平鈕式の銅鐸は、縦型流水文や四区袈裟襷《けさだすき》文の銅鐸を北摂津、横型流水文の銅鐸を中河内で主につくったという。主要な生産遺跡は摂津、河内、和泉などの律令制の国単位に一～二カ所のようで、石器の生産組織とは異なる。重要なのは、つくられた製品の分布が、「摂

●――図72 銅鐸の鋳造風景 唐古・鍵の遺構をもとに作成。

津産の銅鐸は摂津が中心、河内産の銅鐸は河内が中心」ではない点である。摂津産と河内産の銅鐸は近畿の外まで遠く流通するが、近畿内部の例も含めて、まったく入り混じった状態で分布し、距離が離れるにつれて量が減る石器の自然的な流通とは異なる。石器を生産し流通する体制や銅鐸をつくる体制の上には、つくった銅鐸を集めて配布する別の機構があったのである。

そして、中期末～後期初の唐古・鍵では、環溝の東南部二〇～三〇m四方に工房域ができる。ここでは長さ四五cm、幅一五cmの長方形の溶解炉があり、細長い筒状の送風管やルツボと取瓶を兼ねる高杯状の土製品とともに土製鋳型の外枠が多数出た。この外枠は、内側に真土をつめて必要な器物の形を彫る、いわゆるサネ型で、これを大量に用意して鐸や戈、鏡、鏃などを集中生産する。このサネ型は土器と同じだから、それまでの石型とは違って、多くの人々が石型よりたやすく短時間でつくれる。とくに型押しや規型で挽けば、つくりたいものの型は手早く大量にできる。また大きさに制約はあるが、外枠さえ壊れなければ真土を貼りかえるだけで自在に別の器物ができ、外枠が壊れてもその補給は容易だから、画期的な転換であった。

●—図73　唐古・鍵遺跡の土製の銅鐸鋳型(外枠)と送風管

奴国中枢の須玖では、さらに生産が集中する。中期後半ですでに鉄器工房(赤井手《あかいで》、仁王手《におうて》)や青銅器工房(須玖岡本五次調査地点付近)など複数の工房を内部に抱える。後期中頃以降には丘陵北側の低地に工房が大々的に広がり、中期の吉野ケ里や安永田に比べて鋳型や中子の量も多い(鋳型は一〇〇㎡で一点)。また、永田《えいだ》、坂本《さかもと》、黒田《くろだ》などの後期の青銅器工房区には、先述の庄原と同様な工房建物があり、そこで鋳造する。また、工房区自体もそれぞれが平面方形の溝で区画される。永田地区の広さは最低でも二〇〇〇㎡で安永田を越える。

このほか五反田地区ではもっぱらガラス製品をつくり、勾玉などの鋳型やルツボ、玉砥石が、竪穴住居と土坑を細い溝でつなげた工房から多数出ている。鉄器はひきつづき赤井手でつくる。このように、取り扱う材質を異にして配された姿は、まさに奴国王の住む国邑に設けられたハイテク工房群である。

なお、平塚川添でも、中央区にとりつく別区の一つに工房特有の建物がたち、つくりかけの管玉・木器が出ている。特定品目に絞られてはいないが、手工業生産の場の区画化は時の流れであった。

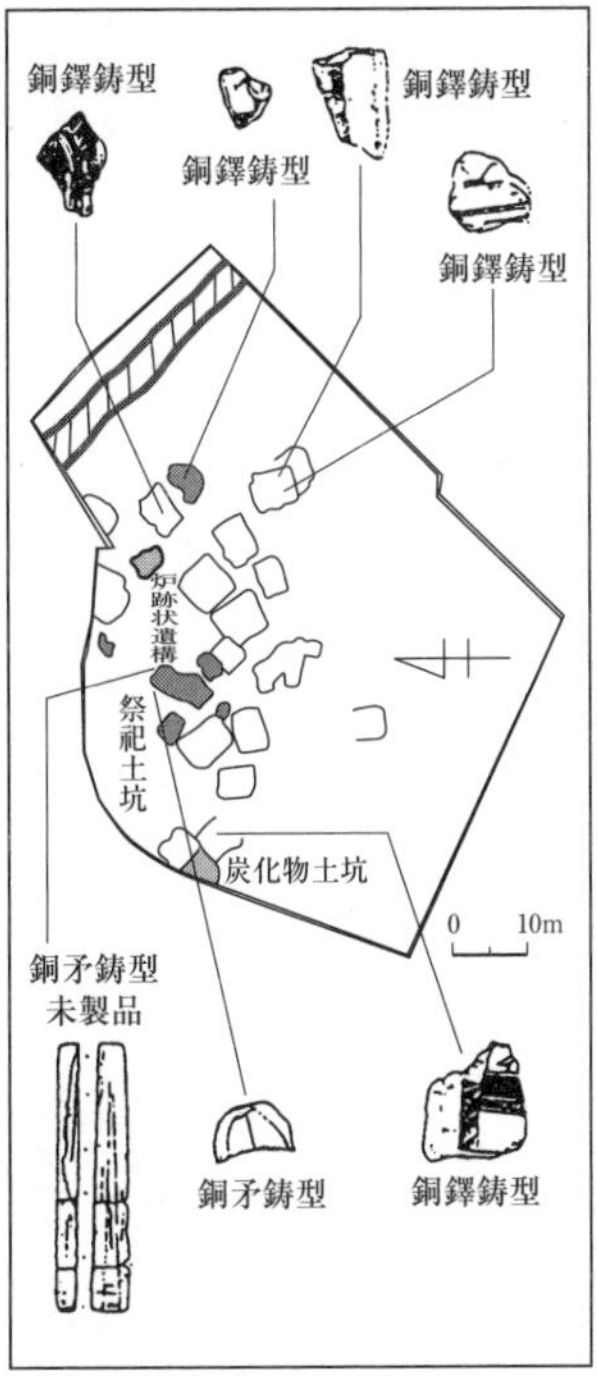

●──図74　安永田遺跡の青銅器工房(弥生中期)

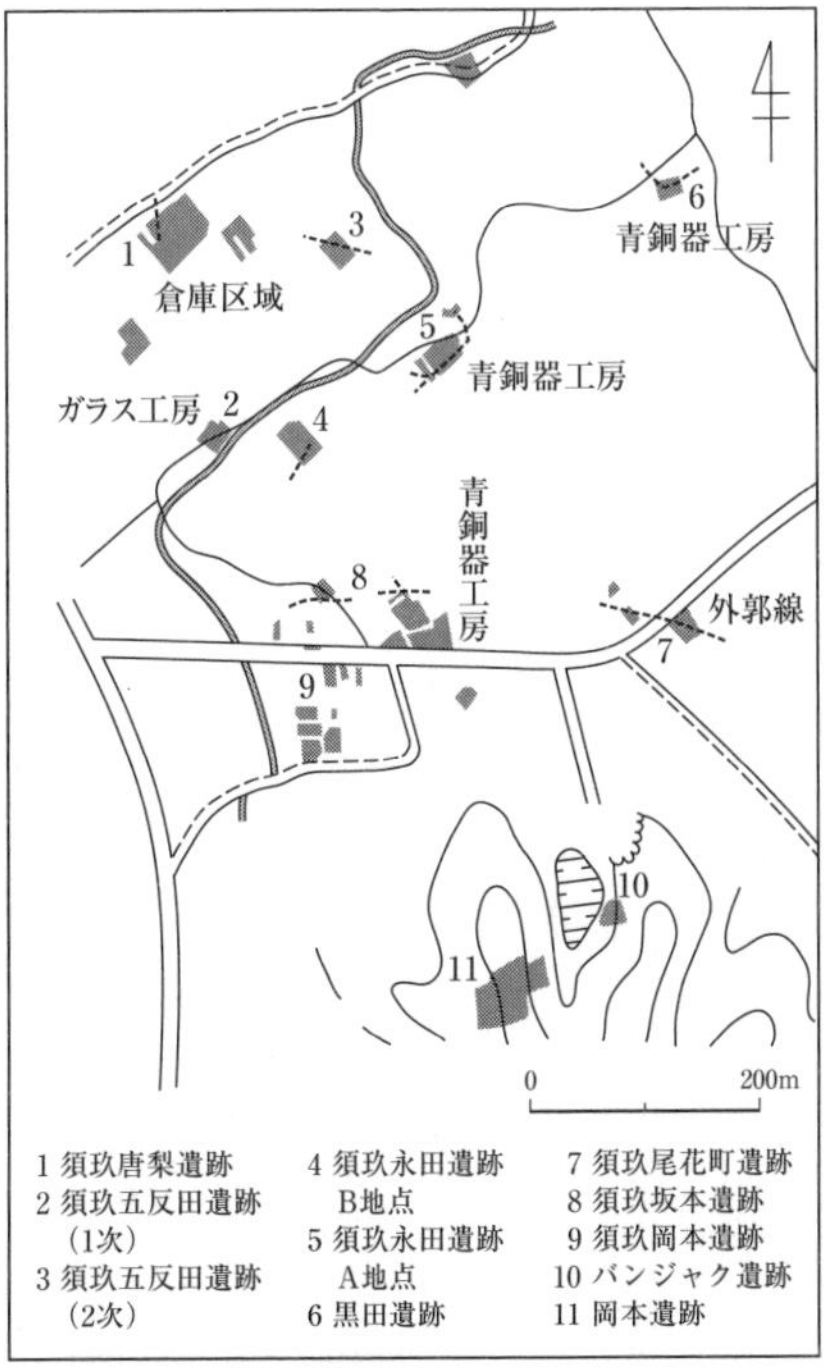

●──図75　須玖遺跡群

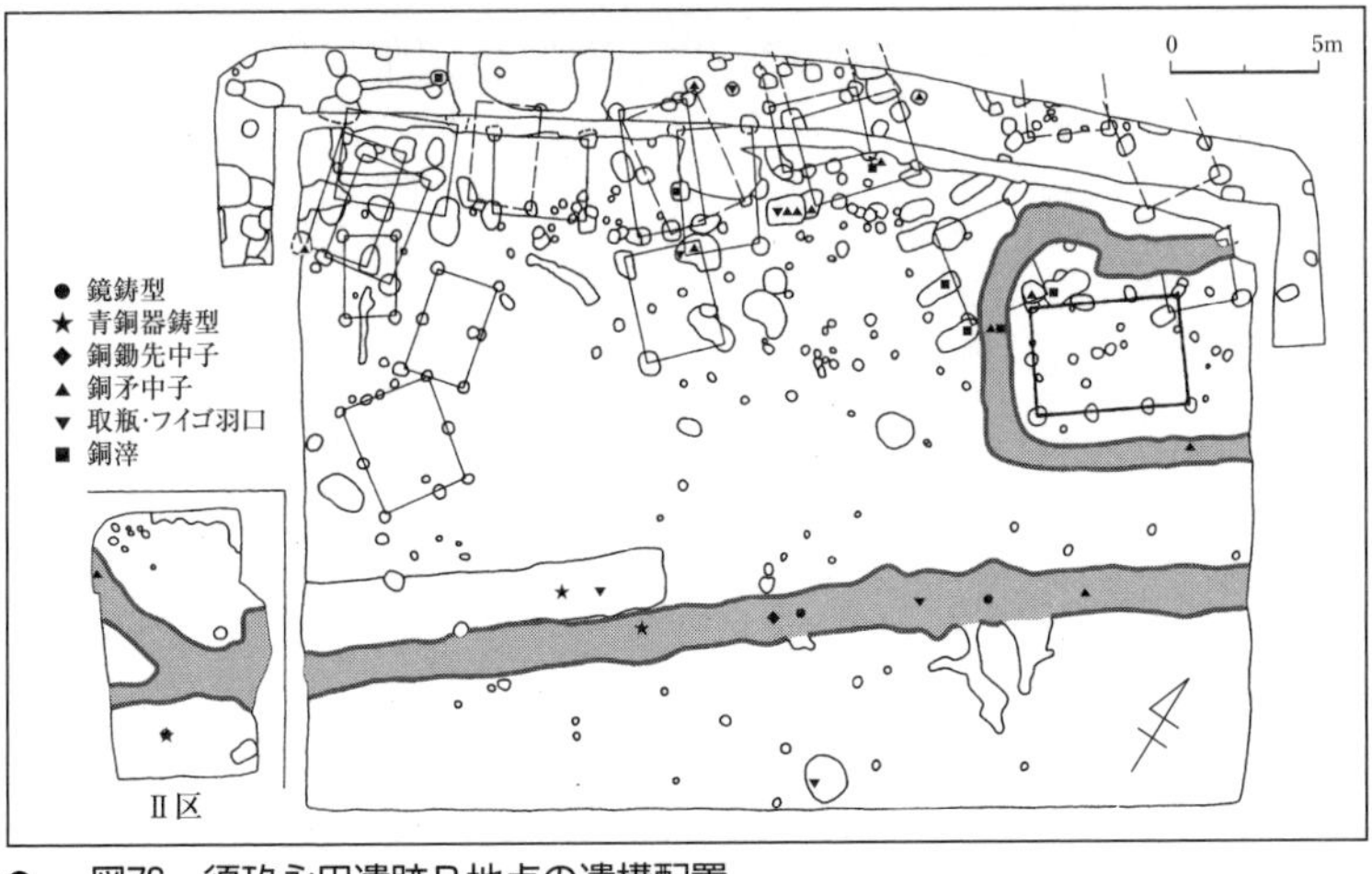

●──図76　須玖永田遺跡Ｂ地点の遺構配置

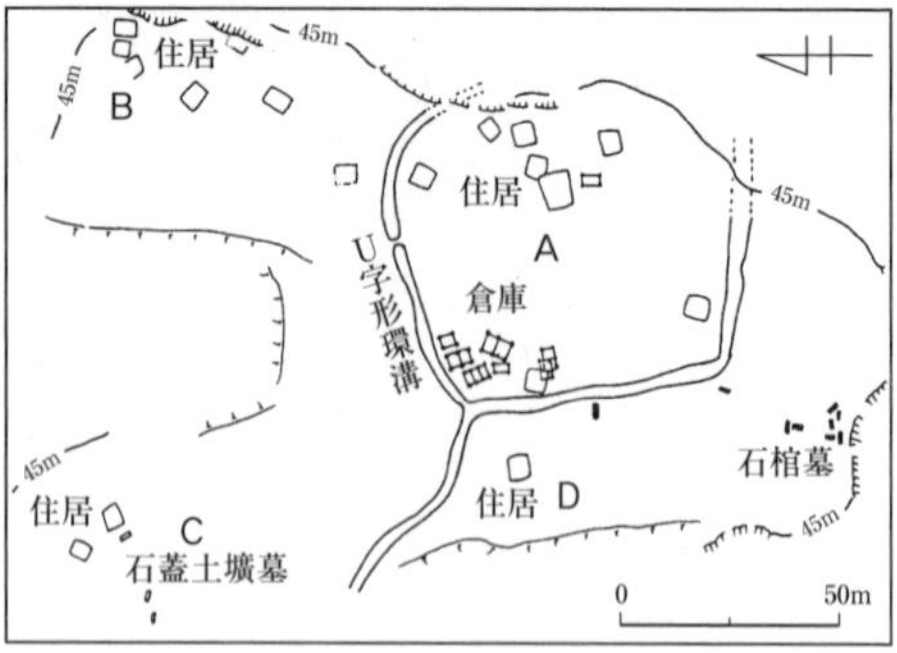

●図77　千塔山遺跡の集落構造
（弥生後期後半）

弥生の首長層居宅

先に述べたように方形環溝のC類型の典型は千塔山である。平坦な頂部をもつ独立丘陵上に後期後半の村があり、A～Dの四群の人々がいる。

中心となるAは丘陵の中央を占め、七五×六七mの方形環溝をもつ。方形とはいえ、西南と西北の隅は直角よりも開いて東北の隅は丸くなり、円形の名残りもとどめる。その中は七～八軒の方形竪穴住居が東側にまとまり、中央は広場を取り込んで、北西隅に高床倉庫が集中する。環溝の南西部のわずかな張り出しには見張りの施設もあったかと想像させる。

いっぽう環溝外のB・C・Dは、それぞれが一〇〇m離れてAをとりまく。彼らは小規模で、倉庫も広場もなく、明らかにAとは格差がつく。この格差は墓にもあらわれる。この地域では一般的に石棺墓が土壙墓より上位にあり、じっさい、Aの人々の墓は環溝外の西南にある八基の石棺墓、これに対してCは三基の土壙墓である。そして、こうした構造は次の終末期にも引き続く。

ムラの収穫物や財産・武器などを納める倉庫をわがものとし、集団B・C・Dをしたがえた集団Aの方形環溝は、こうした意味で、のちの古墳に葬られた人々の居処（首長層居宅や豪族居館、首長館などと呼ばれる）につながり、これを弥生首長層居宅▲と呼びたい。A類型の方形区画から居宅や居館と呼ぶ人もいるが、サナギを蝶とは呼ばず、オタマジャクシを蛙とは呼ばないように、弥生農村の外被である円形環溝を解体しないA類型の方形区は居宅ではなく居住区である。

　ただし千塔山は方形環溝の大きさ（約四七〇〇㎡）からみて国の中心集落ではなく、一ランク下がった小地域の拠点集落である。私は、国や国々の中心集落でも、一部はこうした居宅になったとみており、その具体的な候補が後期後半以降の須玖である。先述のように、この時期には須玖丘陵北側の低地に少なくとも三カ所は方形に区画された工房区があり、ほかにもガラス工房や、直線的な溝で区画する倉庫群などがある。この時期の奴国王の墓や居宅そのものは未確認だが、後期後半の吉野ケ里の青銅器工房区が不明確なのに比べて、工房区などが大々的に方形区画で点在し、しかもそれまでの丘陵上の居住地からは飛び出すから、工房区を統轄した王の居宅はやはりC類型の可能性が極めて高い。また、那珂・比恵遺跡も、この時期の全体を囲む環溝は確認できず、A類型ではない可能性が高い。

▼**首長層居宅**　古墳に葬られた人々の住まいは、群馬県三ツ寺Ⅰ遺跡の五世紀後半の方形環溝の発掘で明らかになった。こうした居処を首長層居宅や豪族居館、首長館などと呼ぶが、私は首長層居宅の語を採用する。

●—図78　伊勢遺跡方形区画内の建物群　コンピュータグラフィックによる復元。

●—図79　伊勢遺跡東半部の遺構

●—図80　伊勢遺跡の大型方形住居

近畿では伊勢の方形柵列が問題になる。ここの居住域は二三万㎡ほど（東西七〇〇m、南北四五〇m）で、東から西に流れる川が南と北を限り、東と西は大溝で区画する。内部は東北に大型建物群を囲む方形の柵列があって、その外側に独立棟持柱建物を円形に配する。これらの南は東西方向の条溝が区切り、その南側にも直角に折れる区画溝がある。

これまでここはA類型と考え、この柵列も最初の1期には南北方向の大型建物（SB—3）と倉庫があり、2期になると二間×四間で八六㎡の主屋（SB—1）が、独立棟持柱をもつ一間×五間（七・二×八m）で五八㎡の脇屋（SB—2）を従え、南側が大きく広場となる一辺五六mほどの方形とみなしてきた。しかし、SB—1から三二m東には、三間×三間の正方形（九×九m、八一㎡）で、柱と柱の間には溝を掘って板塀をたてて内部も二間×二間の総柱大型建物（SB—10、楼閣か）があり、このうしろまで柵列がのびるため、一辺一四〇m前後（約二万㎡）の方形柵列の可能性が出てきた。先行する後期前半の酒寺の環溝を、A類型の円形環溝を解体して出てきたB類型なりC類型の方形環溝とできるなら、伊勢の方形柵列も、これまでの村を再編した弥生首長層居宅ともいえる。

●—図81 伊勢遺跡の大型方形住居の壁部から出た煉瓦状の塼

外側の大溝を全体を囲う円形環溝の代わりとみなしてA類型にまた戻ったとするよりも、可能性は高いかもしれない。

また、SB—10を中心に、半径一〇〇mほどの円周上には、一間×五間で独立棟持柱をもつ建物(二八〜五二㎡)が、一八・四mほどの間隔をおいて円形に配され、この区域全体が方と円が結合した聖なる空間となる。そして、この空間のすぐ外には、一三・六×一三・八m、床面積一八七㎡の超大型で方形の竪穴住居もある。この住居は床に粘土を貼って高温で焼き固め、壁にはレンガ状の粘土塊を並べる特異なつくりである。

こうみてくると、吉野ケ里のようなA類型の村は、いかに巨大であっても弥生社会の最高水準の集落ではなく、さらにその上には、A類型の外被をなくして再編した集落があった。

弥生の都市論

弥生時代の巨大環溝集落を都市とみる論は、吉野ケ里遺跡や池上曾根の近年の発掘成果からしきりに唱えられている。

その根拠は、池上曾根では、①一〇〇〇人ほどの人々が集住し、②手工業と流通のセンターであり、③首長の主導のもとに政治的そして宗教的センターとして機能し、④圏内の中・小集落との間にある種の収奪関係をもつ（外部に依存している）点などにある。

しかし、すでに述べたように、池上曾根でも方形区画は前期以来の円形環溝の中にあらわれる。これは首長の権力が円形環溝の中で育ったことを示し、決して首長権力が円形環溝をつくるのではない。また、池上曾根の青銅器工房は、ほかとは違って村の中心部である大型建物の東隣とみられる。熱を受けて変形した大量の土器や銅鐸の鋳型、高熱を受けたスサ入り粘土塊がその根拠だが、鋳型は一〜二点で専業とはいえない。石庖丁の専業工人集団もおらず、周辺の村への配布も危うい。▲使われた石庖丁の量は多く、タコツボの存在もあわせると、多くの人々は農業と漁撈にたずさわる農民であった。

ほかの論点については、都市とは何かがまず問題である。都市は農村や山村・漁村などに対する言葉である。そして、いくらネコの特徴をあげても、それだけではネコの定義はできず、ネコでないもの（たとえばイヌなど）と比較し

▼**池上曾根の石庖丁**　池上遺跡の内部での未成品の割合はどの地区もほぼ同じである。また、周辺の遺跡の未成品の率も池上遺跡と変わらないという。

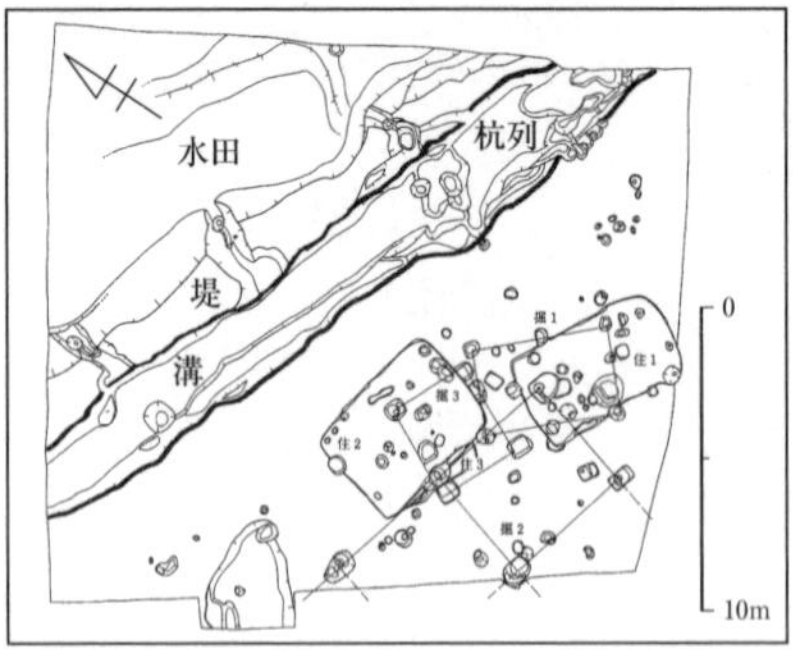

図82　須玖尾花町遺跡

てはじめて定義できるように、都市も都市でない農村・漁村・山村・採集民の村との比較の中で定義される。とくに都市が誕生する基盤となった農村とは明確に区分すべきである。

また、(1)都市の本質の定義と、(2)都市のさまざまな要素と特徴、(3)都市の条件を実際の発掘資料でどうとらえるか(何が出れば都市なのか)、(4)それらがどのように形成されるのかは、それぞれ別個の議論である。

農村・漁村・山村は第一次産業に従事する人々が主体の集落だから、都市の定義は、第二次・第三次産業に従事する人々が主体の大規模集落となる。都市には政治都市、宗教都市、経済(商業・工業)都市があるが、いくら人数が多くても、農民や漁民、山民、採集民が主体の集落は都市ではない。問題は考古学の資料からそれをどう解明するかである。弥生農村は当初からさまざまな物資の供給を得て(外部に依存して)成り立ち、決して自給自足の閉じた小世界ではない。弥生農村はある意味では都市の不完全形態だから、さまざまな都市の要素・条件の萌芽をもつのは当然だが、萌芽はあくまで萌芽である。円形環溝の出現を弥生農村の始まりとする限り、農村の外被をまとうA類型までは都市ではない。もしそれらを都市とすればズルズルと弥生初期の円形環溝まで都市になってしまう。

したがって、円形環溝の解体・消滅が日本型都市の必要条件だが、C類型の方形環溝（首長層居宅）がそのまま都市ではない。弥生首長層居宅を中心に、それまでの農村を解体し、再編し直した大集落が弥生都市の候補である。具体的には弥生後期後半〜末の須玖がある。

すでに述べたように、須玖では奴国王の居宅を中心に、青銅器やガラス工房がそれまでの丘陵上から北の低地に移るだけでなく、新たに方形区に再編成、再配置されたとみられる。とくに永田の方形区画は南西隅の溝が枝わかれしてさらに西に走り、別の街区をつくる。そして、須玖の外郭線となる尾花町の溝は直線的に走る。規模は中心部分が三〇万㎡を越え、後背丘陵の一般居住地を含めると一〇〇万㎡を越えるから、専業工人集団や首長を主体とする政治・工業都市の可能性がある。

古墳時代初めの纒向《まきむく》遺跡（奈良県桜井市）も、弥生集落の時期をはずれるが、ここが日本最古の首都、最初の都市であり、須玖とは同時期だという。▲筆者が

▼**纒向を都市とする説**　寺澤薫氏は、①一・五㎞四方の巨大集落で、広さはのちの藤原宮や平城宮に匹敵する。②唐古・鍵と入れ替わるように突然あらわれ、運河など大規模工事もして、一〇〇年ほど繁栄した後に急になくなるなど、きわめて政治的・計画的である。③集落のまわりに日本最古でその時期最大の前方後円墳がある。④西は九州、東は関東の広い地域から多くの土器が運びこまれる。⑤正方位に沿った柵をもつ左右対称の祭祀的建物が中心部にあり、火と水を用いて盛んに祭りをする、などを根拠とする。

考える須玖の時期とは異なるが、円形環溝がなくなってから後に日本型の都市の出現を考える点は同じである。

この点で、これから検討すべきは伊勢で、東の外郭線は直線的な大溝であり、内部も東西に走る溝が、東北部の首長層の場と南側の居住区を区画しそうである。居宅を中心に再編成された巨大集落（あるいは宗教都市）の可能性を秘め、今後が楽しみである。

このようにみてくると『魏志』倭人伝にみえる「卑弥呼の居処▲」の様相も少しは推測できそうである。「見るある者少なく」という記述からみて、そこには内土堤や柵列をもつ方形環溝が何条かめぐり、物見櫓をともなって厳重に警備される。宮室にはさまざまな平屋や高床式の建物、倉庫群が配され、広場もある。また青銅器や鉄器などをつくる工房も一角を占めていたはずである。

▼卑弥呼の居処　『魏志』倭人伝は「王となりしより以来、見るある者少なく、婢千人を以て自ら侍せしむ。ただ男子一人あり、飲食を給し、辞を伝え居処に出入す。宮室・楼観・城柵、厳かに設け、常に人あり、兵を持して守衛す」と伝える。

▼高地性集落の目安　高いところの村が水田主体か否かは、比高（まわりの水田からの高さ）四〇mが一つの目安になる。

●—図83　石器の用途別の割合

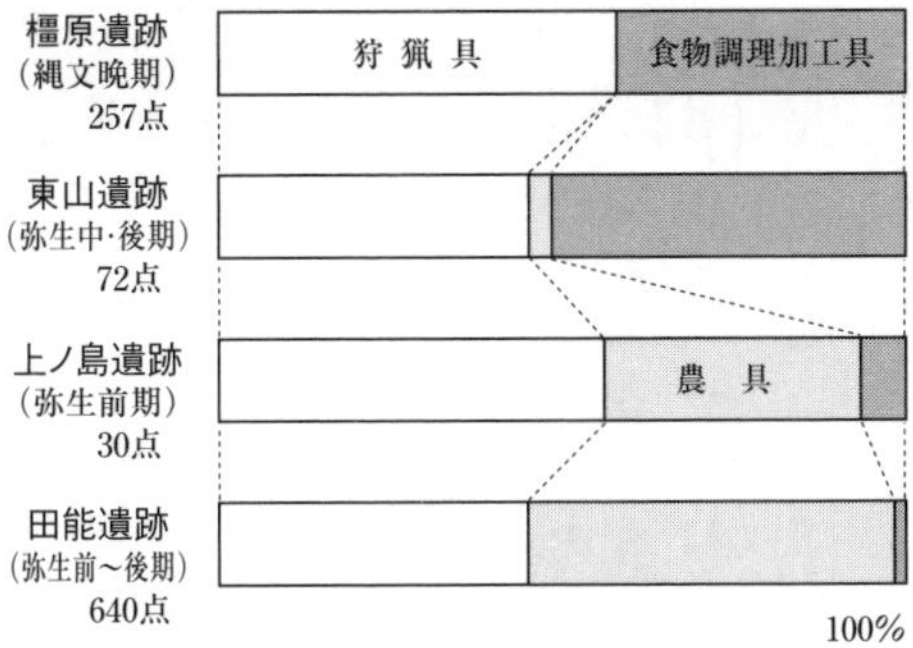

⑤—海・山の村と戦争

山の村

弥生人は水稲耕作だけでなく畠作もやり、縄文時代以来の狩猟・漁撈・採集の技術も継承した。したがって、農村には水田のほかに小規模な菜園や畠があり、縁辺には果樹を植えるとともに、人々は山や海でも活動して食料を得ており、コメに雑穀・野菜・堅果・鳥獣・魚介類を加えた食生活を営んだ。

しかし弥生時代には、水稲農業が困難なため、他の生業を主とする山の中の村や海辺の村（以下、山の村・海の村）もある。

山の村は「水田から遠く高いところに住むのは異常」とされ、軍事的な高地性集落が古くから有名であった。▲しかしじっさいには高地性集落の性格は多様で、まず平地の農村から派遣された小さな村がある。東山《ひがしやま》遺跡（大阪府河南町）は比高九〇mほどの丘の上の中期〜後期（Ⅳ〜Ⅴ期）の村で、一時期の住居は七棟ほど。石庖丁は極めて少なく、狩猟・採集の比重が高い。一・七㎞離れた拠点集落（富田林市喜志《きし》遺跡）の山での生業を分担し、サトの農村が自分の世界を近く

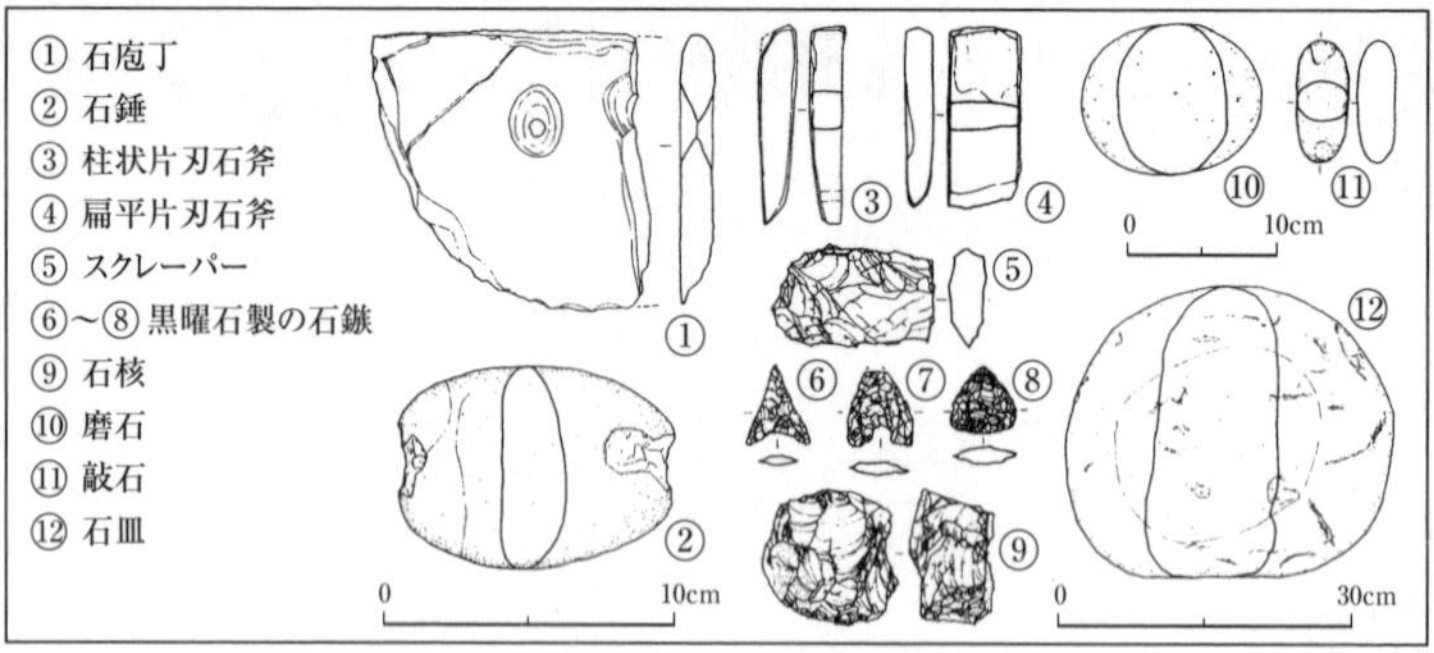

●—図84　押川遺跡の出土遺物

の山へと拡大したサトヤマムラである。

これに対して、唐津の上場台地には、じつは少数だが、弥生時代になっても山を降りなかった人々がいた。押川《おしごう》遺跡(佐賀県唐津市)がその好例で、弥生早期〜中期初の住居や墓が出ており、石器からみるとコメはほとんどつくらず、生活は縄文人と変わらない。付近に大きな農村はなく、平野部とは遠く離れた別世界のオクヤマムラである。

オクヤマムラも弥生後半期にはしだいにサトの農村に取り込まれるが、大分県の大野川上・中流域では後期に大々的にオクヤマムラが展開する。もちろんコメはつくるし、北部九州から伝わった小型の鏡や中国鏡片もあって、この地域は決して閉じてはいないが、竪穴住居には大きな石皿がすえられ、凹石・磨石や石鏃・鉄鏃が多くて、狩猟採集や畠作が主体である。早〜中期の遺跡もあって縄文からつづき、よそにはない粗製の甕《かめ》や独特の柱穴の配置をもつ竪穴住居からみても、ここは平野の農村とは異なる別世界であった。

このほか、祭場的性格が強いといわれる田和山《たわやま》遺跡(島根県松江市)や大盛山《おおもりやま》遺跡(兵庫県朝来市)もある。田和山では三重の溝で囲まれた丘陵頂部に「あら

●―図85　田和山遺跡

ゆるものから集落を保護し、安寧へと導く象徴的施設・宗教的施設である」柱列と五本柱および九本柱の建物が柵列で囲まれ、人々の住居は溝の外に散在する。

戦争に関わる狭義の高地性集落（見張所や政治的な緊張関係から設けられた砦・避難所など）は、広義の高地性集落からこれらを除いて考えるべきである。

弥生戦争論

弥生という言葉からうける〝のどかな農村社会〟のイメージを、〝戦乱の社会〟へと転換させるのが弥生戦争論で、近年強く主張されている。

世界の民族例でも、初期農民は採集民より好戦的で、私も縄文時代より弥生時代の方が争いが多いことは認めるが、戦争が歴史をつくるような論調には賛成できない。戦争もある意味では政治的な交渉の一形態であることを念頭におく必要がある。

弥生戦争論には三つの柱がある。殺傷人骨、環溝集落、そして高地性集落である。

●──図86　銅剣が刺さった人骨（弥生中期前半、筑紫野市永岡遺跡出土）

弥生人の骨には傷の痕や石・銅・鉄の武器の先端が実際に刺さった例がある。首なしの人骨は首狩りの風習を示し、弥生時代には戦いのための武器が発達、増加して争いがしばしば起こり、戦争状態が続いたという。

たしかに早期の磨製石鏃が刺さった例でみても、弥生の始まりから争いはある。しかし、磨製石鏃、石剣ともに身はしだいにうすくなる。また、青銅の武器は大きくなって祭器化する。それらに代わって登場した鉄製武器も、日本産が確実な大形の鉄戈では、身は大きくなるのに柄をつけるための茎《なかご》は小さくなって祭器になるから、武器が機能を強めながら発達するとは言えない。

西新町遺跡（福岡市早良区）では、中期後半の甕棺に首なし人骨を入れ、その上からは、首を入れて軸をそろえた小さな甕が出た。この二つの骨は同一人物で同時に埋められたから、死後の断体儀礼の可能性が高い。また、原田遺跡（福岡県嘉麻市）では、人を葬る穴の外側に銅剣の先と石鏃が供えられていたから、折れた武器の先端が出ただけでは、人骨に刺さっていたと言えない。

銅剣が刺さった人骨や戦いの傷が残る人骨で有名な筑紫野市から小郡市は、福岡平野と筑紫平野のはざまで勢力争いが起きやすい地域だから、ここの状況

●—図87　朝日遺跡の逆茂木

をそのまま弥生社会全体には拡大できない。

環溝集落には朝日遺跡のように逆茂木《さかもぎ》をともなう防御集落もある。しかし、溝の底にどちらから土が流れ込むかで、溝に掘った土を外側に積む（外土手）か、内側に積む（内土手）かを判断すると、吉野ケ里で復元されたように、多くの弥生環溝は外土手である。いうまでもなく、内土手でこそ防御の機能ははたらくが、外土手では外から攻める側の楯になる。中の空間を広くしたり排水のための外土手だとの声もあるが、戦争に際して防御よりも広さや排水が優先するだろうか。また、三沢北中尾遺跡の環溝の中は貯蔵穴のみで、竪穴住居はその外にある。人は守らず貯蔵穴を守るようでは戦争の際の防御施設ではない。

環溝集落で内土手が目立ち出すのは後期後半以降で、野方中原や大分市多武《たぶ》尾《お》遺跡などがある。私はこの内土手こそが戦乱への対応策だと考える。

狭義の高地性集落には中期後半と後期の二時期がある。九州では中期後半に洞海湾を見下ろす山頂（比高一二七m）の黒ケ畑遺跡（北九州市八幡東区）や、三苫《みとま》永浦《ながうら》遺跡（福岡市東区）の一角にある見晴らしの良い場所などを結ぶ通信網ができ、須玖の大谷地区までつながる。上場台地の中期前半〜後期（Ⅲ〜Ⅴ期）の湊《みなと》

●—図88　会下山遺跡南北尾根上の住居跡群

中野《なかの》遺跡（佐賀県唐津市）はこの通信網に組みこまれた山の村である。石器の組み合わせは押川と同じで、日頃は山の生業にいそしむが、連絡用のノロシを上げた焼土坑が各時期にある。見張り所の役割を農村地帯から負わされて、オクヤマムラがサトヤマムラとなった実例である。これらには武器と呼べる遺物はなく、三苫永浦には物見櫓があるから、ツクシ政権の通信連絡施設といえよう。

比高三〇〇mを越える紫雲出山《しうでやま》遺跡（香川県三豊市）、貝殻山遺跡（岡山市）など瀬戸内海地域の中期（Ⅲ〜Ⅳ期）の高地性集落や、近畿の比高一〇〇〜二〇〇mの会下山《えげのやま》遺跡（兵庫県芦屋市）などは幹線ルート上にあり、やはり通信施設の機能が重視されている。

いっぽう後期前半の近畿では、多くの人が低地の村から高地に上がる特異な動きがみられる。古曾部《こそべ》・芝谷《しばたに》遺跡（大阪府高槻市）は低地の母村である安満遺跡、観音寺山遺跡（大阪府和泉市）は池上曾根の縮小とともにあらわれる。いずれも環溝がめぐり、内部にいくつかの単位集団を含む大集落である。古曾部・芝谷の居住域は三〇万〜四〇万㎡という。これらは短期間で終わり、低地の集落の避難所的な色彩が強いが、地域全体が同じ動きをするわけでもない。

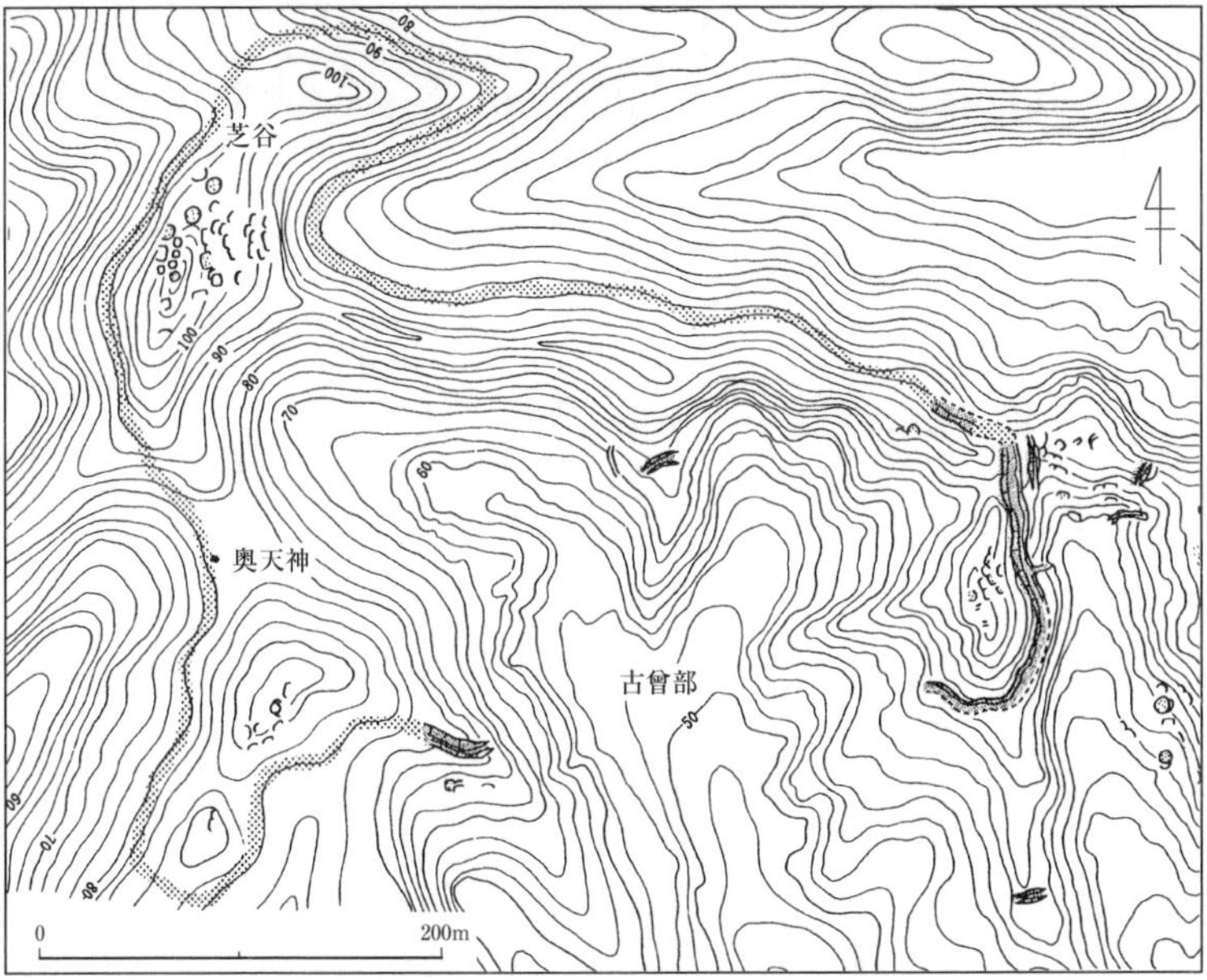

●—図89　古曽部・芝谷遺跡

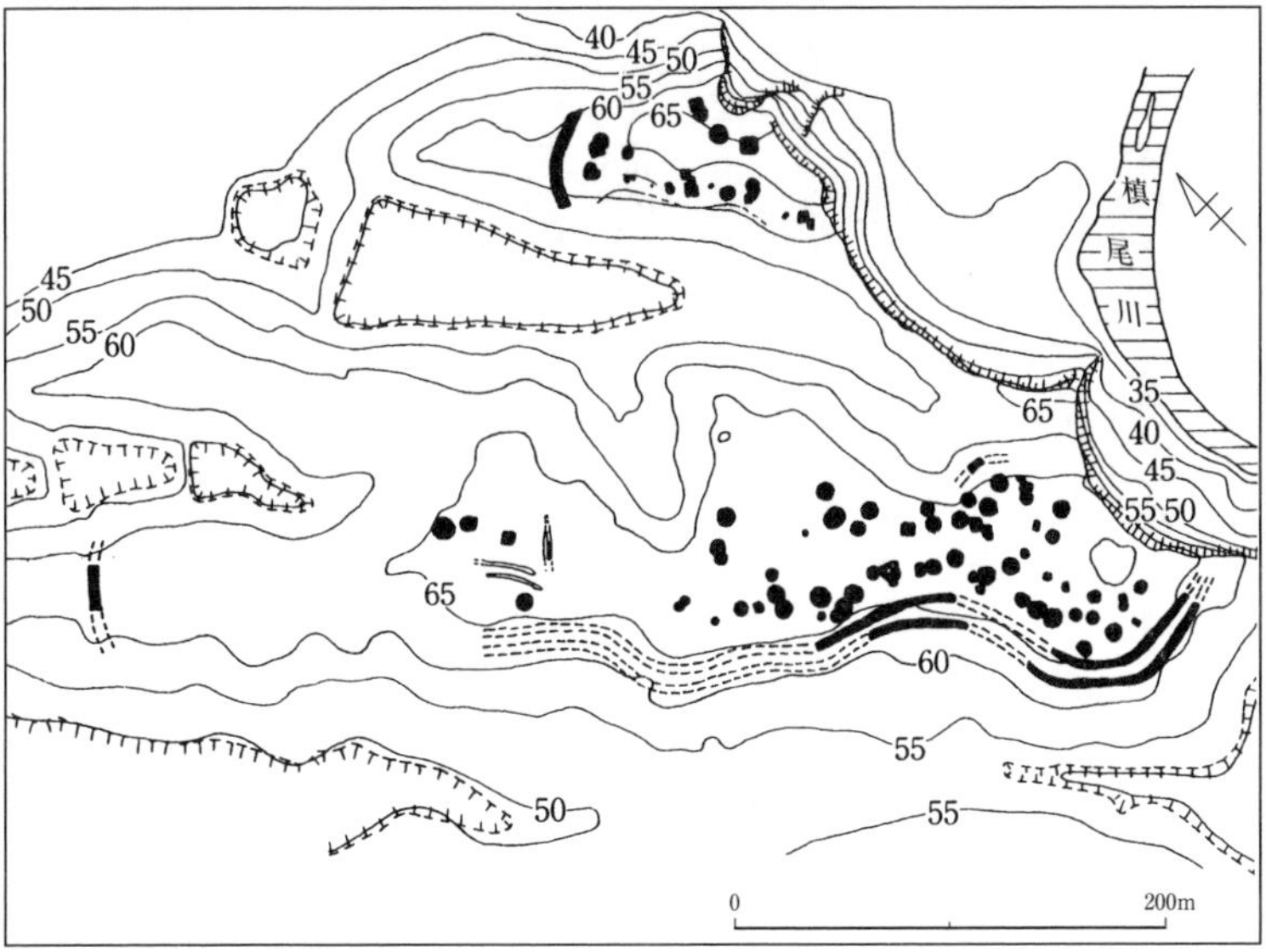

●—図90　観音寺山遺跡

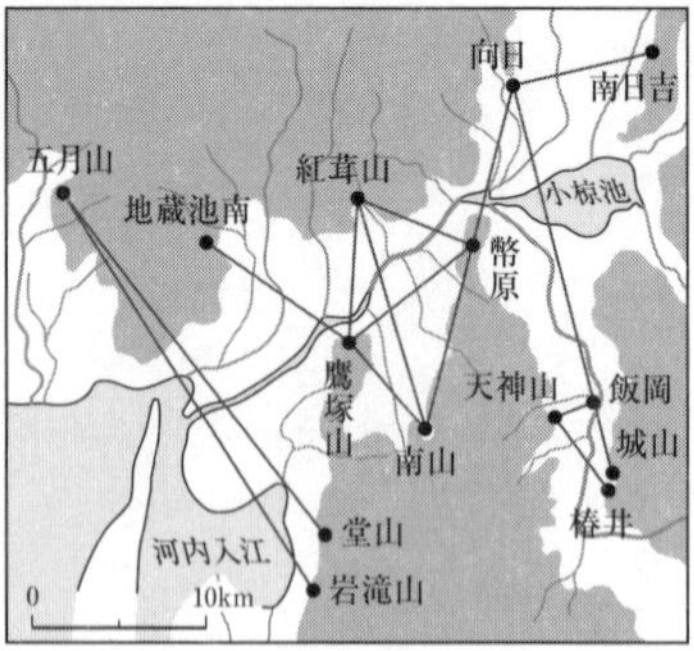

●—図91　大阪湾岸の高地性集落のネットワーク

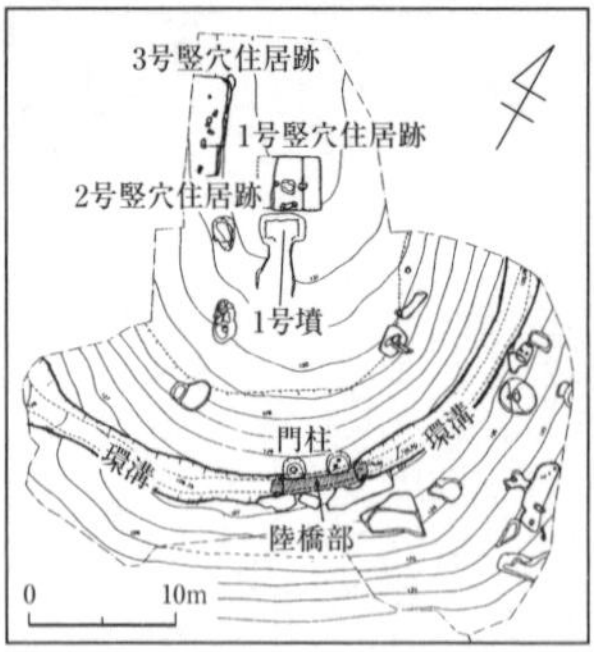

●—図92　西ノ迫遺跡

後期後半~終末には、ふたたび小規模な高地性集落が西日本の各地にみられる。

九州では白岩遺跡（大分県玖珠町）や西《にし》ノ迫《さこ》遺跡（福岡県朝倉市）が、橋と門柱をもち、よく似たつくりで頂上からやや下がって環溝をめぐらす。西ノ迫は比高八五~九〇mの、急斜面で登るのがつらい天然の要害で、筑後平野の東半部が一望できる。白岩では環溝が後ろまで回って避難所も兼ねるが、ノロシ用の穴があり、二〇〇個ほど石礫用の川原石を持ち上げる。白岩と西ノ迫はおそらく数地点を介してつながり、ツクシ政権の外縁部を囲むかとみられる。また、やや時期は下るが、北陸や関東にもこうした高地性集落は及び、裏山遺跡（新潟県上越市）では頂上部の肩のあたりに環溝がめぐり、中に竪穴住居がある。

私はこの時期の高地性集落が、列島規模の弥生戦争に対応し、『魏志』倭人伝の「倭国乱る」の記事とも関わると考えたい。ただし、これらは、あくまでも戦争のための備えであり、戦争に備えることと、実際に戦争があったかどうかは別である。また、この時期の山陰地域の高地性集落は日本海ルートの保護がむしろ目的であろう。

図93　三浦半島の洞穴遺跡

図94　大浦山洞穴の入口部

打ちつづく戦乱の世の中では人口は減少するはずだが、弥生時代の人口推定では、中期でも後期でも着実に増加している。文化の連続性からも、減少した人数を補なうほど大量の渡来人は考えられず、弥生時代が戦乱に明け暮れていたとはいえない。

海の村と対外交易

　海の村では神奈川県三浦半島の海蝕洞穴群が古くから有名で、五カ所が中期、一〇カ所が後期に始まる。各洞穴には農村の竪穴住居一〜二棟分の人々が住み、骨角や石・青銅・鉄製の漁具を多くもち、貝殻、魚や海鳥・鹿や猪の骨が出る。春から秋の農繁期にも魚を釣ったり銛やヤスで突き、巻貝を素手で集め、貝に刃をつけて藻を刈り、素潜りでアワビを採る。また、冬鳥の骨が多く、狩猟はもっぱら秋から春である。一年中つづく活動は、季節的な漁場ではなく漁民の定住を示す。前期の例はなく、縄文時代とは異なる道具があるから、背後の農村から派遣され、直接に農村を支えた小漁村である。紀伊半島最南端の笠嶋《かさじま》遺跡（和歌山県串本町）は、後期の漁撈用の木器のみで農耕具はまったく無く、磯

●—図95　カラカミ遺跡の楽浪土器(右)と三韓土器(左)

海岸で小規模な刺網漁や刺突漁をした漁村である。

　これらは極端な例で、ふつうはコメもつくるが、いずれにせよ中・後期には農村の中の海に関わる部分が小さな漁村として分離し、農村も専業化する。また、九州の有明海沿岸のカキが主体の貝塚は、季節的な漁場とみられる。

　いっぽう、海辺のやや大きな村もわずかにある。玄界灘に面した湾内の海岸砂丘上の御床松原《みとこまつばら》遺跡(福岡県糸島市)では、竪穴住居三五棟と土坑二〇基が出た。ここでは網漁の比重が高く、釣り漁や潜水漁もする。竪穴住居は二群にわかれ、二つの単位集団を含む。隣接する新町《しんまち》遺跡は弥生早～前期の墓地で、この時期の村も近くにあるとみられ、縄文時代に接続する。

　また壱岐島のカラカミ遺跡(長崎県壱岐市)は一支国では原の辻に次ぐ拠点集落で、前期後半に始まり後期までつづき、いくつかの単位集団からなる。狩猟や採集もするが、農業の比重は小さい。遺物は漁具が多くてしかも大きく、潜水漁と刺突漁の組み合わせと網漁が主体である。

　御床松原やカラカミの漁具・漁法はこの地域の縄文の漁撈文化(西北九州型漁撈文化)につながり、時期も連続するため、縄文からの伝統的な海村である。

●―図96　一の町遺跡の大型建物跡

しかし単なる漁村ではない。なぜなら、御床松原やカラカミでは、ふつうの農村にはない貨泉や半両銭などの中国貨幣や楽浪土器、三韓土器が出るからである。対外交流の道すじにある漁民達は、中期には単なる漁民の枠を越えて海上交易活動に関わり、南北に市糴《してき》(商売)する海洋民になったのである。村の中にいくつかの単位集団を含んで大形化する要因もここにある。三韓と境を接する対馬の浦々の小さな漁村の人々も、中期後半から後期にはいっせいに海洋民化し、さまざまな中国・朝鮮・日本の文物を石棺墓に副葬する。

また、御床松原とは山をへだてて反対側の湾奥にある一の町遺跡(福岡県糸島市)は竪穴住居がなくて、柵列で区画され、中期後半頃の一間×一間や一間×二間の高床倉庫が八棟以上の西群と、床面積が五〇㎡ほどの大型平屋三棟以上と、大きな高床倉庫一棟が伴う東群にわかれる。中心部は発掘区よりさらに南の高台だろう。楽浪土器がみられ、国の交易にかかわる湾岸倉庫群とその管理棟であり、御床松原をも統御した交易センターであろう。

一支国の場合も国の交易は原の辻で行ない、カラカミの海洋民を制御したし、銅矛形祭器の分布からすれば、ツクシ政権のもとに動かされていた。

しかし、いっぽうでは海村は国邑であまり出ない中国銭貨を多く保有し、交易活動で逆に国邑を制御した。

こうした国や国々の海上交易センターはほかの地域にもある。上東《じょうとう》遺跡(岡山県倉敷市)では後期に四五m以上の突堤をもつ船着場をつくり、貨泉が出ている。やや離れた高塚遺跡(岡山市)でも貨泉や青銅素材が出ており、ここは瀬戸内海航路の一つの結節点である。後期の青谷上寺地《あおやかみじち》遺跡(鳥取県鳥取市)は良好な入江に面し、広大な水田はないのに貨泉が四点も出て、中国・朝鮮製の鋳造鉄斧をはじめ豊富な鉄器をもつ。伝統的な九州—瀬戸内—近畿ルートだけでなく、イヅモ政権やコシ政権の伸長にともなって、日本海ルートも活発になる。奈具岡《なぐおか》遺跡(京都府京丹後市)では入手した鉄素材から鉄器をつくり、本格的な交流の段階に入った可能性が出てきた。

そして古墳時代には万行《まんぎょう》遺跡(石川県七尾市)のように巨大な建物(倉庫)を備えた、列島規模の交易拠点が日本海航路や瀬戸内海航路の結節点に設けられたとみられる。

図44　福岡市博物館
図49＊　上：前原市教育委員会，下：福岡県教育委員会『三雲遺跡　南小路地区編』1985年
図50　福岡県教育委員会
図51　福岡県教育委員会・甘木市教育委員会
図52　田崎博之「愛媛県文京遺跡」『季刊考古学別冊９』1999年
図53　池上曾根遺跡史跡指定20周年記念事業実行委員会『弥生の環濠都市と巨大神殿』1996年
図54＊　大阪府立弥生文化博物館『弥生都市は語る』2001年
図55・56　和泉市教育委員会
図57＊・58＊　佐賀県立博物館『弥生都市はあったか』2001年
図59＊　鏡山猛『九州考古学論攷』1972年
図61　甘木市教育委員会『平塚川添遺跡発掘調査概報』1993年
図62＊　佐賀県立博物館『弥生都市はあったか』2001年
図63　佐賀県教育委員会
図64＊　田中良之・土肥直美・永井昌文「前田山遺跡被葬者の親族関係」『前田山遺跡』行橋市教育委員会，1987年
図65＊　大阪府立弥生文化博物館『弥生都市は語る』2001年より，橋本哲画
図66＊　大阪府立弥生文化博物館編『弥生時代の集落』学生社，2001年
図68＊　北九州市教育文化事業団埋蔵文化財調査室『門田遺跡』1979年
図69＊　高木芳史「畿内地方の石庖丁の生産と流通」『国家形成期の考古学』1999年
図70＊　久貝健「和歌山県御坊市堅田遺跡の弥生時代前期環濠集落」『考古学雑誌』第85巻１号，1999年。神崎勝「弥生時代の青銅器鋳造工房とその復元」『立命館大学考古学論集』2001年
図71　添田町教育委員会
図72　奈良県立橿原考古学研究所附属博物館
図73　田原本町教育委員会・奈良県立橿原考古学研究所附属博物館（保管）
図74＊　鳥栖市教育委員会『安永田遺跡』1985年
図76＊　春日市教育委員会『須玖永田遺跡』1987年
図77　下條信行「弥生時代の九州」『岩波講座　日本考古学５』，1986年
図78　兵庫職業能力開発促進センター大上直樹作成，守山市教育委員会提供
図79　皇子山を守る会『連続シンポジウム「伊勢遺跡の謎を解く」』2002年
図80・81　守山市教育委員会
図82　春日市教育委員会『奴国の首都須玖岡本遺跡』吉川弘文館，1994年
図83＊　大阪文化財センター『東山遺跡』1980年
図84　佐賀県教育委員会『押川遺跡・座主遺跡・前田原遺跡』1981年
図85　松江市教育委員会
図86　筑紫野市教育委員会
図87　(財)愛知県教育サービスセンター愛知県埋蔵文化財センター
図88　芦屋市教育委員会
図89　大阪府立弥生文化博物館編『弥生時代の集落』学生社，2001年
図90＊　第２回橿原考古学研究所日韓古代シンポジウム『東アジアの環濠集落』
図91＊　都出比呂志「古墳出現前夜の集団関係」『考古学研究』20-4，1974年
図92　福岡県教育委員会『九州横断自動車道関係埋蔵文化財調査報告25』1993年
図93＊　春成秀爾「弥生時代」『図説発掘が語る日本史２』新人物往来社，1986年
図94　三浦市教育委員会
図96　志摩町教育委員会
著者　図1，11，17，20，29，45，46，47，48，60，67，75，95

製図：曾根田栄夫

●―図版出典・写真提供者一覧

＊は一部改変

カバー表　甘木市教育委員会
カバー裏　田原本町教育委員会・奈良県立橿原考古学研究所附属博物館(保管)
扉　横浜市埋蔵文化財センター
図２　山崎純男「福岡県板付遺跡」『探訪弥生の遺跡　西日本編』有斐閣, 1987年
図３　春成秀爾「描かれた建物」『弥生時代の掘立柱建物』埋蔵文化財研究会, 1991年
図４　田原本町教育委員会
図５　厳文明「中国環濠集落の変遷」『第８回アジア文明国際シンポジウム　七万戸なる卑弥呼の都する所の謎』1993年
図６＊　地域文化フォーラム実行委員会『「文明のクロスロード・ふくおか」弥生びとが集い, クニが生まれた』1995年
図７＊　樋口隆康編『世界の大遺跡９』講談社, 1988年
図８　慶南大学校博物館・密陽大学校博物館『蔚山無去洞玉峴遺跡』1999年
図９　釜山大学校博物館『検丹里マウル遺蹟』1995年
図10　谷豊信「楽浪郡時代の土城」『考古学ジャーナル』392, 1995年
図12　岡村道夫「縄文時代の環濠, 溝, 柵列」『考古学ジャーナル』412, 1996年
図13＊　嘉穂町教育委員会『嘉穂地区遺跡群Ⅶ　アミダ遺跡』1989年
図14　福岡市教育委員会『那珂11　二重環溝の調査』1994年
図15　新宅信久「江辻遺跡の調査」『九州考古学会・嶺南考古学会第１回合同考古学会　資料編』1994年, 新宅信久「江辻遺跡第５地点の調査成果について」『平成13年度九州考古学会総会研究発表資料』2001年
図16　新宅信久「江辻遺跡の調査」『九州考古学会・嶺南考古学会第１回合同考古学会　資料編』1994年。木浦大学校博物館・全羅南道霊岩郡『霊岩長川里住居跡』Ⅱ, 1986年
図18　福岡市埋蔵文化財センター
図19＊　神戸市教育委員会『神戸市兵庫区大開遺跡発掘調査報告書』1993年
図21　中村慎一編『東アジアの囲壁・環濠集落』2002年
図22＊　秋田市教育委員会『地蔵田Ｂ遺跡』1986年
図23　小郡市史編集委員会『小郡市史４』2001年
図24＊　井上裕弘「甕棺製作技術と工人集団」『論集日本原史』吉川弘文館, 1985年
図25＊　岡崎敬「『夫租薉君』銀印をめぐる諸問題」『朝鮮学報』46, 1968年
図26　福岡市埋蔵文化財センター
図27＊・28＊　下條信行「弥生社会の形成」『古代史復元４』講談社, 1989年。福岡市教育委員会『吉武高木』1986年。下村智「玄界灘沿岸地域の大型建物」『考古学ジャーナル』379, 1994年
図30＊　横山邦継「福岡県吉武高木遺跡」『季刊考古学』51, 1995年
図31　Kenichi Shinoda and Takahiro Kunisada, “Analysis of Ancient Japanese Society Through Mitocondorial DNA Sequencing”, *International Journal of Osteoarchaeology*, Vol.4 1994
図32＊　佐賀県立博物館『弥生都市はあったか』2001年
図33・34　長崎県教育委員会
図35＊　小郡市教育委員会『一ノ口遺跡Ｉ地点』1994年
図36＊・37＊・38＊　佐賀県立博物館『弥生都市はあったか』2001年
図39　上：戸田哲也「神奈川県中里遺跡第Ｉ地点」『季刊考古学別冊９』雄山閣, 1999年。下：玉川文化財研究所
図40・41　福岡市教育委員会『板付周辺遺跡発掘調査報告書２』1975年
図42　片岡宏二『弥生時代渡来人と土器・青銅器』雄山閣, 1999年
図43　小田富士雄・韓炳三編『日韓交渉の考古学　弥生時代篇』1991年

②—国の成立と集落

岡崎敬「『夫租薉君』銀印をめぐる諸問題」『朝鮮学報』第46輯，1968年

後藤直「朝鮮系無文土器」『三上次男博士頌寿記念　東洋史・考古学論集』1979年

『季刊考古学』第51号（特集「倭人伝」を掘る）雄山閣，1995年

片岡宏二『弥生時代　渡来人と土器・青銅器』雄山閣，1999年

長崎県教育委員会『国特別史跡指定記念　発掘「倭人伝」── 海の王都、壱岐・原の辻遺跡展』2002年

③—国々の連合と巨大な村

町田章「三雲遺跡の金銅四葉座金具について」『古文化談叢』第20集（上），1988年

埋蔵文化財研究会『第37回埋蔵文化財研究集会　ムラと地域社会の変貌── 弥生から古墳へ』1995年

岩永省三『歴史発掘⑦金属器登場』講談社，1997年

西谷正編『季刊考古学別冊 9　邪馬台国時代の国々』雄山閣，1999年

久世辰男『集落遺構からみた南関東の弥生社会』六一書房，2001年

④—弥生居宅と都市論

大阪府立弥生文化博物館『卑弥呼の世界〈秋季特別展〉』1991年

春日市教育委員会『奴国の首都　須玖岡本遺跡 ── 奴国から邪馬台国へ』吉川弘文館，1994年

広瀬和雄編『日本古代史　都市と神殿の誕生』新人物往来社，1998年

鋳造遺跡研究会『第 8 回鋳造遺跡研究会　弥生時代の鋳造 ── 青銅器鋳造技術の復元』（発表資料集）1998年

皇子山を守る会『連続シンポジウム　徹底討論「伊勢遺跡の謎を解く」』2002年

⑤—海・山の村と戦争

国立歴史民俗博物館『倭国乱る』1996年

松木武彦『人はなぜ戦うのか』講談社選書メチエ213，2001年

松本岩雄「田和山遺跡の空間構造 ── 3 重の環濠は何を守護していたのか」『建築雑誌』Vol.117　No.1488，2002年

●—参考文献

下條信行編『古代史復元4　弥生農村の誕生』講談社, 1989年
都出比呂志『日本農耕社会の成立過程』岩波書店, 1989年
横浜市歴史博物館『開館記念特別展　弥生の“いくさ”と環濠集落 —— 大塚・歳勝土遺跡の時代』1995年
石野博信『古代住居のはなし』吉川弘文館, 1995年
奈良県立橿原考古学研究所附属博物館・田原本町教育委員会『弥生の風景 —— 唐古・鍵遺跡の発掘調査60年』1996年
寺沢薫・武末純一『最新邪馬台国事情』白馬社, 1998年
浅川滋男編『先史日本の住居とその周辺』同成社, 1998年
寺沢薫『日本の歴史02　王権誕生』講談社, 2000年
小田富士雄編『倭人伝の国々』学生社, 2000年
佐賀県立博物館『弥生都市はあったか —— 拠点環濠集落の実像』2001年
大阪府立弥生文化博物館『弥生都市は語る —— 環濠からのメッセージ』2001年
大阪府立弥生文化博物館編『弥生時代の集落』学生社, 2001年

①—縄文の村から弥生の村へ

岡村秀典「仰韶文化の集落構造」『史淵』第128輯, 1981年
奥田俊雄「縄文人と自然 —— 縄文文化研究の意義についての一見解」『異貌』9, 1981年
『季刊考古学』第31号(特集 環濠集落とクニのおこり)雄山閣, 1990年
吉留秀敏「環濠集落の成立とその背景」『古文化談叢』第33集, 1994年
新宅信久「江辻遺跡の調査」『九州考古学会・嶺南考古学会第1回合同学会〈資料〉編』1994年
谷豊信「楽浪郡時代の土城」『考古学ジャーナル』392号, 1995年
岡村道雄「縄文時代の環溝、溝、柵列」『考古学ジャーナル』412号, 1997年
武末純一「韓国・渼沙里遺跡の溝と掘立柱建物(上) —— 崇実大学校発掘A地区」『古文化談叢』第38集, 1997年
九州考古学会・嶺南考古学会『環濠集落と農耕社会の形成』(九州考古学会・嶺南考古学会第3回合同考古学大会)1998年
中村慎一編『東アジアの囲壁・環濠集落』(日本人および日本文化の起源に関する学際的研究考古学資料集25)2001年

日本史リブレット　第Ⅰ期[68巻]・第Ⅱ期[33巻]　全101巻

日本史リブレット 3

弥生《やよい》の村《むら》

2002年 9 月20日　1 版 1 刷　発行
2019年10月30日　1 版 6 刷　発行

著者：武末《たけすえ》純一《じゅんいち》

発行者：野澤伸平

発行所：株式会社 山川出版社

〒101－0047　東京都千代田区内神田 1 －13－13
電話　03(3293)8131(営業)
　　　03(3293)8135(編集)
https://www.yamakawa.co.jp/
振替　00120-9-43993

印刷所：明和印刷株式会社

製本所：株式会社 ブロケード

装幀：菊地信義

Printed in Japan ISBN 978-4-634-54030-9